新版

光に向かって100の花束

高森顕徹

1万年堂出版

はじめに

一ページをぬりつぶす、印相の広告が、しばしば大新聞に掲載《けいさい》される。

あれだけの広告料を計算すると、目がまわる。

それでも採算にのるのだから、印相が吉《きち》、凶《きょう》、禍《か》、福につながる、と信じている人がいかに多いか、がわかる。

手相、家相、墓相、日の善悪などが、やかましく言われるのも、みんな幸、不幸と関係がある、と信じているからであろう。

それほどに現世利益《げんせりやく》の信心は、生活に深く根をはっている。

仏法はしかし、これら一切《いっさい》を一刀両断に、迷信《めいしん》とする。

そして真の幸福は、印相などから生まれるものでなく、日常生活の善根《ぜんごん》から生ずる、と教える。

善因善果、悪因悪果、自因自果、カボチャの種からナスビの芽が出た、ためしがない。まいたタネしか、生えてはこないのだ。

むろん結果は、ただちに現れるものもあれば、数十年後、さらには、来世に結ぶものもある。遅速《ちそく》はあっても、いつかは必ず、果報を受ける。

歴然として私《わたくし》がない、この因果の大道理を深信《じんしん》し日々精進《しょうじん》する、これが仏法者であり、親鸞学徒《しんらんがくと》である。

現代人に欠けているものの一つに、努力精進《どりょくしょうじん》があげられる。

水が低きにつくように、易《やす》きにつこうとする。結果だけをめあてに、一攫千金《いっかくせんきん》をユメ見る。

エサをくれる人には、ちぎれるほど尾《お》をふるが、くれぬやつには吠《ほ》えてかみつく。

人間生活もどうやら、畜生化《ちくしょうか》してきたようだ。

高校や大学が林立していても、知育偏重《ちいくへんちょう》で、徳育が忘れられているからではなかろうか。

高僧《こうそう》に、ある婦人が、子供の教育をたずねると、

「もう、遅《おそ》いですね」

「まだ、生まれたばかりですが」

「その子供を、本当に教育しようと思えば、あなたのお母さんから始めねば」

といわれて、驚《おどろ》いたという。

〝いくたびも、手間のかかりし、菊《きく》の花〟

一輪の花が、美しく芳香《ほうこう》を放っているのも、一朝一夕《いっちょういっせき》ではないのである。

いわんや子宝を、立派な人格者に育成するには、なみたいていの辛苦《しんく》ではない。

学校教育も、もちろん大切だが、なんといっても、人間形成は家庭教育、とりわけ親の心構えにある。

親の一挙手、一投足で、子供はどうにでもなる、と言えよう。

〝ゆりかごを動かす母の手は、やがて国を動かす〟

イギリスの古い格言である。

子供を産むだけでは、下等動物と、なんらえらぶところがない。

因果の理法を知らず、放縦邪悪《ほうじゅうじゃあく》の行為《こうい》をすれば、この世から、恨《うら》み、呪《のろ》いの苦《く》患《げん》を受けねばならぬ。

それは、自身の破滅《はめつ》のみならず、子供をも悲境に追いやることになる。

針が正しく進まねば、糸は正しく縫《ぬ》えるはずがないのだから、親は、姿にかけた教育を、心がけねばならない。

〃百以上の、おとぎ話や有益な話を知らなければ、親の資格がない〃と、ある教育者は道破する。

おもしろい話の中に、小さい魂《たましい》に奮発心を喚起《かんき》させ、不屈《ふくつ》の精神を培《つちか》い、遊惰《ゆうだ》安逸《あんいつ》の妄念《もうねん》を除去して、金剛石《こんごうせき》を、宝玉に磨《みが》きあげるのである。

光に向かって進むものは栄え、闇《やみ》に向いて走るものは滅《ほろ》ぶ。

有縁《うえん》の方と、光に向かって、少しでも進みたいと、この小著は努力した。

ご笑覧のうえ、ご利用いただけるものがあれば幸甚《こうじん》である。

合掌

高森顕徹

※本書は平成12年11月に刊行された
『光に向かって100の花束』の新版です。

新版　光に向かって

100の花束

目次

新版
光に向かって
100の花束

この柱も痛かったのよ

うるわしき母子

かつて講演にゆく、車中での出来事である。

ちょうど車内は、空席が多く広々として静かであった。ゆったりとした気持ちで、周囲の座席を独占し、持参した書物を開いた。

どのくらいの時間が、たったであろうか。

読書の疲れと、リズミカルな列車の震動に、つい、ウトウトしはじめたころである。

けたたましい警笛と、鋭い急ブレーキの金属音が、夢心地を破った。

機関手が踏切で、なにか障害物を発見したらしい。

相当のショックで、前のめりになったが、あやうく転倒はまぬがれた。

同時に幼児の、かん高い泣き声がおきる。

ななめ右前の座席に、幼児を連れた若い母親が乗車していたことに気がついた。

たぶん子供に、窓ガラスに額をすりつけるようにして、飛んでゆく車窓の風光を、楽しませていたのであろう。

突然の衝撃に、幼児はその重い頭を強く窓枠にぶつけたようである。子供はなおも激しく、泣き叫んでいる。

けがを案じて立ってはみたが、たいしたこともなさそうなので、ホッとした。

直後に私は、思わぬほのぼのとした、心あたたまる情景に接して、感動したのである。

だいぶん痛みもおさまり、泣きやんだ子供の頭をなでながら、若きその母親は、やさしく子供に諭している。

「坊や、どんなにこそ痛かったでしょう。かわいそうに。お母さんがウンとなでてあげましょうね。でもね坊や、坊やも痛かったでしょうが、この柱も痛かったのよ。お母さんと一緒に、この柱もなでてあげようね」


こっくりこっくりと、うなずいた子供は、母と一緒になって窓枠をなでているではないか。

「坊や痛かったでしょう。かわいそうに。この柱が悪いのよ。柱をたたいてやろうね」

てっきり、こんな光景を想像していた私は赤面した。

こんなとき、母子《おやこ》ともども柱を打つことによって、子供の腹だちをしずめ、その場をおさめようとするのが、世のつねであるからである。

なにか人生の苦しみに出会ったとき、苦しみを与えたと思われる相手を探し出し、その相手を責めることによって己を納得させようとする習慣を、知らず知らずのうちに私たちは、子供に植えつけてはいないだろうか、と反省させられた。

三つ子の魂、百までとやら、母の子に与える影響ほど絶大なものはない。相手の立場を理解しようとせず、己だけを主張する、我利我利亡者《がりがりもうじゃ》の末来は暗黒の地獄である。

光明輝く浄土に向かう者は、相手も生かし己も生きる、自利利他《じりりた》の大道を進まなければならない。

うるわしきこの母子に、〝まことの幸せあれかし〟と下車したのであった。

2

光に　向かって

約束は、必ず、はたさなければならない

歴史家で有名なナピールが、ある日、散策していると、路傍にみすぼらしい少女が陶器のカケラを持って泣いている。

やさしくわけをたずねると、少女の家は親一人子一人。親が大病なので、家主から一リットル入りのビンを借りて、牛乳を買いにゆこうとして落として割ったのだ。

家主に、どんなに叱《しか》られることかと泣いていたのである。

あわれに思ったナピールは、ポケットから財布を出してはみたが貧乏学者、一

文の持ちあわせもない。

「明日の今ごろ、ここへおいで。牛乳ビンのお金は、私があげるから」

少女とかたく握手して別れた。ところが翌日、友人から、

「君の研究の後援者になろうという富豪が現れた。午後は帰ると言っているから、ただちにこい」

という至急の伝言である。

しかし富豪に会いにゆけば、少女との約束を破らねばならぬ。ナピールはさっそく、友人に返答した。

「私には今日、大事な用件がある。まことに申し訳ないが、またの日にたのむ」

そして少女との約束をはたした。

富豪は、ナピールを思いあがったやつだと、一時は怒ったが、後日それを知ると、いっそう信用を深め、彼を強く後援した。

金持ちほど怒りっぽく、あつかいにくいものはない。いつも金で、何事も自由

にできる、と思っている。

また金で、約束を破り節をかえる金銭奴隷が、いかに多いことか。

『儲《もう》け』は「信用のある者へ」と書いてある。

たとえ自分に不利益なことでも、誓ったことは、必ずはたすのが信用の基である。

はたせぬ約束は、はじめからしないこと。相手に迷惑をかけるだけでなく、己をも傷つける。

3

光に向かって

高価な楽器がいい音色を出してくれるのではない、演奏者によるのだ

古今の名手ビテリーが、五千ドルのバイオリンをひく、というので、その日の演奏会は、たいへんな評判だった。

満場の拍手に迎えられ、ビテリーは、舞台に現れた。

「見ろ！　あれが五千ドルのバイオリンだ！」

何千人の目は、いっせいに彼の持つ、バイオリンに注がれる。

やがて、演奏が始まった。

急調、緩調、なんともいえない美しい楽の音《ね》に、満堂の聴衆は、ただ恍惚《こうこつ》たるばかり。

「まあ、なんていい音色でしょう」

「さすが、五千ドルの値うちはある」

「一度でいいから、あんなバイオリンをひいてみたい」

随所に感嘆の声は絶えない。

ところが、どうしたことか、第六曲なかばにして、突然、楽の音はピタと止まった。なんと思ったか彼は、いきなりバイオリンを、おもいっきりイスに投げつけたのである。

バイオリンは、微塵《みじん》に砕かれた。

「お待ちください。どうぞ、お静かに」

総立ちになった聴衆に、こう言いながら、かわりのバイオリンを持って、舞台に現れたのは、その日の主催者である。

「いま、ビテリー君がたたき壊したのは、どこにでも売っている、一ドル六十セントの安物です。

近ごろ、音楽界では、いたずらに楽器の高価を誇る傾向があります。そんな風潮を、最も憂えているのが、ビテリー君です。
〝音楽の妙味は、楽器の高価にあらず、演奏者にある〟
この平凡な真理を、彼は知ってもらいたかったのです。
これから使用するバイオリンこそ、五千ドルの品であります」

ふたたびそして、演奏が始まった。

拍手とアンコールの嵐《あらし》は、前のとおりであったが、聴衆には、壊された安物と五千ドルのバイオリンの相違がどこにあるのか、まったくわからなかった、という。

悪人ばかりだとケンカにならない

4 光に向かって

一家和楽の秘訣

　ある所に、内輪ゲンカの絶えないA家と、平和そのもののB家とが隣接していた。

　ケンカの絶えないA家の主人は、隣はどうして仲よくやっているのか不思議でたまらず、ある日、B家を訪ねて懇願した。

「ご承知のとおり、私の家はケンカが絶えず困っております。お宅はみなさん仲よくやっておられますが、なにか秘訣《ひけつ》でもあるのでしょうか。一家和楽の方法があったら、どうか教えていただきたい」

「それはそれは、別にこれといった秘訣などございません。ただお宅さまは、善人さまばかりのお集まりだからでありましょう。私の家は悪人ばかりがそろっていますので、ケンカにはならないのです。ただそれだけのことです」

　てっきり皮肉られているのだと、A家の主人は激怒して、

「そんなばかな!!」と、言おうとしたとき、B家の奥で大きな音がした。

どうも皿かお茶碗《ちゃわん》でも割ったようである。

「お母さん、申し訳ありませんでした。

私が足元を確かめずにおりましたので、大事なお茶碗をこわしてしまいました。私が悪うございました。お許しください」

心から詫《わ》びている、お嫁さんの声がする。

「いやいや、おまえが悪かったのではありません。先ほどから始末しようと思いながら横着して、そんなところに置いた私が悪かったのです。すまんことをいたしました」

と、続いて姑《しゅうとめ》さんの声が聞こえてきた。

「なるほど、この家の人たちは、みんな悪人ばかりだ。ケンカにならぬ理由がわかった」

A家の主人は感心して帰ったという。

誹《そし》るまじ　たとえ咎《とが》ある　人なりと
我が過ちは　それに勝れり

謗るまじ
たとへ咎ある
人なりと
我が過ちは
それに勝れり

大将たる者、臣下の言葉をよく聞くべし

「大将たる者の第一のつとめは、臣下の諫言《かんげん》を聞くことである。諫《いさ》めを受けねば、己《おの》があやまちを知ることができない。それゆえに人の上に立つ者は、家来が諫めのしよいように、よくなつかせておかねばならぬ。武田勝頼《たけだかつより》は諫言を嫌って身を滅ぼし、信長も森蘭丸《もりらんまる》の諫めをもちいず明智の恨みをかい失脚した。唐の太宗《たいそう》は広く諫言の道を開いたから、子孫長久の基を築いたのである」

徳川義直《とくがわよしなお》は口癖のように、こう教訓していた。

しかし、諫言に耳を傾け、進んで諫めをいれることは、難中の難事である。

あるとき、匿名封書を奉った者があった。義直が開封すると、

「お家には、十悪人がおります」

という書き出しで、九人の名前が列挙してあったが、あとの一人が記されていない。

「もう一人は、だれであろうか」

義直は、近習《きんじゅう》を見まわしてたずねた。

そのとき、持田主計《もちだかずえ》という二十三歳の秘書が、

「それは、殿さまでございましょう」

と答えた。

「なんと申す。余が悪人とな」

義直は、声をふるわせる。

「他の九人は臣下でございますから、はばかるにおよびませんが、残る一人は、はばかるべきお方ゆえ、わざとお名をあげなかったものと思います。お名をあげずとも、殿さまには、おわかりになると思ったのでございましょう」

ちょうど、自分が書いたもののように、ヌケヌケと言いはなった。

「余は格別、思い当たるところはないが、なにか欠点があれば言うてみよ」

「ございます。殿さまが、ご改心あそばして然《しか》るべしと思うことがおおよそ、十カ条ほどございます。よろしくば申し上げましょう」

と、列座の近習らの前で持田主計は、立板に水を流すごとく、義直の欠点を並べたてた。

臣下の前で、さんざんにコキおろされた義直は、一時は憤懣《ふんまん》やるかたなく、肩で荒い息をしていたが、よくよく反省してみれば、持田主計の指摘には、思い当たる節が多かった。数日後、義直は持田主計を大忠臣として加増し、旧に倍して重用し国政に参与させたという。

名君と、いわれた所以《ゆえん》である。

お嫁にいったら、毎日よい着物を着て、おいしいものを食べて、よくお化粧するのですよ

富豪ドンマカセンの夫人は、賢夫人の名が高かった。
その一人娘も、たいへん聡明《そうめい》だという評判だった。
リキミという大臣の夫人が、ぜひ、息子の嫁にと婚約がまとまった。
夫人はそこで、ドンマカセン邸を訪ねてみた。
すると母親が娘に、こんこんと、こう教えているではないか。
「いいかい、いつも言っていたように、お嫁にいったら、毎日よい着物を着て、

おいしいものを食べて、よくお化粧をするのですよ」

〝これはとんだ嫁をもらったものだ〟と思ったが、いまさら、破談にするわけにもいかず、複雑な気持ちで帰宅した。


無事、結婚式は終わったが、今後のことが案じられてならぬ。

ひそかに嫁の言動を観察していても、起床は早く、家や庭の掃除をし、洗濯もする。

舅姑《しゅうと》や、主人の面倒見もよく、台所の整理整頓《せいりせいとん》も、おみごとの一語に尽きる。

どこにも、浮いたようすは微塵《みじん》も見られない。

そこで彼女は、かねての疑問をきいてみずにおれなくなった。

「あなたは家を出るとき、毎日、よい着物を着て、おいしいものを食べて、お化粧をするようにと、お母さまから教えられていなさったが、そのようになさっていないのでは……」

「お母さま。実家の母の、よい着物を着よと申しますのは、清潔なものを身に着けよ、ということでございます。

おいしいものを食べよと申しましたのは、労働をすればどんな物でもおいしくいただけるから、まめに身体《からだ》を動かせ、ということでございます。

また、お化粧をせよと申しましたのは、家や庭、部屋や台所の清掃のことでございます」

答える彼女の笑顔は、輝いていた。

ドンマカセン夫人の優れた教育に、姑《しゅうとめ》は、いまさらながら感嘆したという。

〝きれい好き〟ということは、いかなる場合にも女性の、大きな美点にちがいない。

もうおまえは、帰ってもよろしい

何事も基礎が大切

イタリアの有名な音楽家のもとへ、一人の青年が、音楽の教授を求めて訪ねた。

「よしたほうがよかろう。音楽の道は、たいへんだから」

音楽家はキッパリと断る。

「必ず、どんな苦労でもいたしますから、ぜひ教えてください」

青年は必死にたのんだ。

どんな苦しいことがあっても一切、不足や小言は言わないという約束のうえで教授を許した。

それから青年は、その家に起居して炊事、洗濯、掃除など一切の家事の面倒をみて、その合間に音楽の教授を受けた。

はじめの一年は音階だけで終わった。二年目も同じく音階だけ。

三年目こそは、なにか変わった楽譜を、と期待していたが、いぜんとして音階だけで終わる。

四年目も音階だけであったので、たまりかねた青年は不足をならした。

「なにか変わった楽譜を教えてもらえないでしょうか」

師匠は一言のもとに叱《しか》りとばした。

五年目になって、半音階と低音使用法とを教えた。

その年の暮れ。

「もうおまえは、帰ってもよろしい。私の教えることは、すべて終わった。おまえは、いかなる人の前でうたっても、他人にひけをとることはなかろう」

と、免許皆伝したのである。

その青年はカファレリといい、イタリア第一の名歌手となった。


音階ぐらいと、ばかにしてはならない。それを五年間も魂を打ちこんで教授したのは、基礎が完成すれば、どんな難しい楽譜でも、自由自在にあやつることができるからである。

何事も基礎が肝要。

夫婦はもともと他人である。だからケンカもする

夏の暑い日、主人が帰る。

「いま帰ったぞ。ああ暑かった」

「おかえりなさい。暑かったでしょう。家にいてさえ汗が流れたのに、一生懸命働きなさって。マア！　この汗。太郎、うちわであおいであげな」

「ナーニ、これくらいの暑さ。オオ、もう一ぺんいってこようか」

となるが、

「おかえり。夏ですもの、あんただけが暑いのではないのよ。大きな顔しなさんな」

とくると、

「ナニ、このふてくされめが」

となる。

男には、三軍を叱咤《しった》するような気持ちのおこるときと、子供のように甘えたいときがある。

「とにかく、おれについてこい」

と、たのもしくリードするかと思えば、

「オイ、母ちゃん、耳のあかをとってくれや」

と、膝枕《ひざまくら》でヨダレを流したりする。

「オイ、一万円だぞ」

と、奥さんに渡すと、

「一万円、一万円と、えらそうに言わずに、あるだけみんな出したら」

「男には、交際《つきあい》があるんだ」

「つきあい、つきあいと言って、よそばかりで飲まないで、家で飲んだら、どうォ」

「豚の尻《しり》みたいな顔見て、飲まれるか」
「長い間、がまんしてきたが、こんなに侮辱されたことないわ。十七年前、一緒になってくれにゃ死ぬと言ったのは、どこのどなただったのよォ！」
「このやろう!!　昔のことを引っぱり出しやがって……」
と、収拾つかなくなる。

なぜ夫婦ゲンカが、おこるのか。


男は47、女は48の歯車でかみあっている。突然一つの山が、かちあうときがある。

どちらかが〝すみません〟と、詫《わ》びをいれればいいが、はりあうと歯車は、かちあった状態のままになる。

要は一心同体と考え、無礼な言動が原因だ。

夫婦はもともと、他人であることを、忘れてはなるまい。

9 光に向かって

矢は一本しかないと思え

一意専心

矢場に立った一人の男、二本の矢をたばさんで的に向かっている。

「おまえは、まだ初心じゃ。一本にしなさい」

そばで見ていた白髪の指南は、にべもなくこう言った。

弓を射るとき、諸矢（二本の矢）を持つのが通例である。

初心だから二本持つな、一本にしろとはどういうことか。

為損《しそん》ずることの多い初心者だから、一本では無理だろう、二本持てというならわかるが、どうも腑《ふ》におちない。

「はい、かしこまりました」

素直な男は、言われるままに一本を投げすてた。

〃この一矢よりないのだ〃

一本の矢に全精神を集中する。かくて彼は、みごとに的を貫いたのだ。初心者に、にあわぬできばえと、満場の喝采《かっさい》をえたが、〃一本にせよ〃の老指南の意味は、どうにもわからない。

思案のすえ彼は、老先生を訪ねて教えをこうた。

笑みをたたえて老先生、こう答えたという。

「子細はない。ただ後の矢をたのみにするから、初めの矢に専心できないのだ。どうしても油断ができる。勝つも負けるも、ただこの一矢の覚悟がなくては、何十本の矢も、みなあだになるのじゃ」

〃これがダメなら次がある〃

の思いが専心を妨げるのである。熱中できるはずがない。

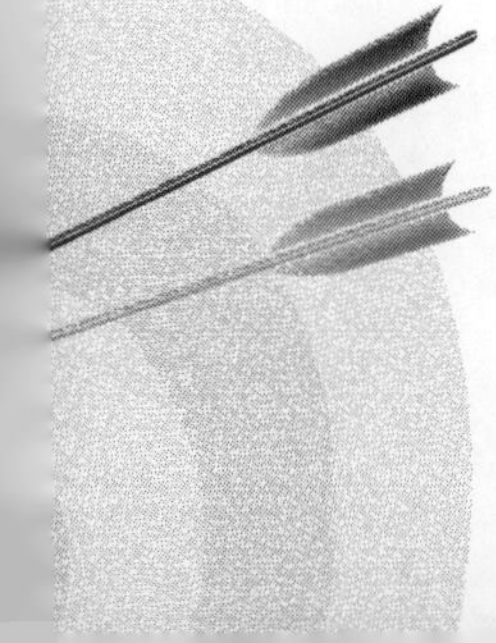

熱中といえばフランスの大学者ビュデ。

家事万端を妻にまかせて一意専心、勉学に没頭した。

「隣家が火事です。はやく、お逃げにならねば……」

と、書生が飛びこんだときも、

「すべて妻にまかせてあるから、家内に相談してくれ」

と、目もくれなかったという。

ばかのような話であるが、一つのことに魂を、そこまで打ちこみたいものである。


時空を超越して、一意専心、目的達成に熱中すれば、成就できぬ何事もないにちがいない。

忙しい人ほど勉強できる

暇を盗む

ある成功者のところへ、一人の学生が訪ねていった。

「こうにも世の中が忙しくなってきては、勉強する時間がありません。まことに困ったものです」

そのとき、大喝一声。

「ばかなことを言うな。用事が多いからこそ勉強ができるのだ。君たちは暇があれば寝てばかりいるだろう。勉強する時間というものが特別にあるのではない。忙しいときにこそ、暇を盗んで勉強するのが本当の勉強である。用事が多いから勉強ができぬ、などと言っている者は、暇になれば遊んでばかりいる者だ。他人が勉強しているときに負けずに勉強し、他人が休んでいるときも勉強してこそ、他人より優れた成果をあげることができるのだ。忙しい時間を活《い》かすか殺すかは、その人の覚悟次第である」

と、諭したという。

「光陰矢のごとし」と古人は言った。

まことに月日のたつのは早い。昨日今日と思っていることが、すぐ二カ月、三カ月となり、半年や一年は、またたく間に過ぎ去ってしまう。毎日、郵便、電話や応対などの雑務に追われ、忙しい忙しいで、己の本分が、なかなかはたせない。

無常は迅速であり、生死《しょうじ》は一大事である。

一刻たりとも、おろそかにはできぬ。

11
光に 向かって

かんしゃくの、くの字を捨てて、ただ感謝

ある高僧のところへ、短気で困っている男が相談にきた。

「私は生まれつき短気者で困っております。短気は損気と申しますが、まったく腹を立てた後は、自分も気分悪うございますし、他人の感情も害して悔やむのですが、後の祭り、どうにもなりません。なんとか私のこの短気を、治していただきたいと思って参上いたしました」

ニコニコ笑いながら聞いていた高僧は、

「なるほど、聞けばそなたは、なかなかおもしろいものを持って生まれてきたものじゃ。治してしんぜるほどに、その短気とやらをひとつ、私に見

せてもらいたい。今もお持ちかな」

「へえ、短気を今ここへ出して見せろと言われましても、ただ今は、べつに短気をおこすあてもありませんので。ただ今は、ございません」

「しかし先ほど、そなたの話では、生まれつき持っていると言ったでないか。持っていれば、身体《からだ》のどこかにかくれているはずだ。遠慮することはない、おもいきって出してみなされ」

「いや、ただ今は身体中を探しても、どうも、その短気が見あたりません」

「しかしどこかにあるだろう、どこにあるのかな」

「そう言われると困りますが、今のところ、どこにもありません」

「そうじゃろう。ある道理がないのだ。そなたは、生まれながら短気じゃと言うが、元来、短気というものはないのだ。今後、ムラムラとカンシャク玉が破裂しそうになったら、この短気やろう、どこから出てくるのか出所を探してみるがよい。どうかしたおりに、そなた自身が出すのだ。自分が出さなければ、どうして短気が出るものか。己が出しておいて、生まれつきというのは勝手なことだ」
と諭したという。
ならぬ堪忍、するが堪忍。大切なのは心であり、心の持ちようである。

かんしゃくの
くの字を捨てて
ただ、かんしゃ

呼べば呼ぶ
呼ばねば呼ばぬ
山彦で
まず笑顔せよ
みな笑顔する

一職を軽視する者は、どんな地位におかれても、不平をもつ

秀吉の心がけ

信長、秀吉、家康、三大武将で一番の人気者はだれか。

おそらくカンシャク者の信長より、明朗闊達《めいろうかったつ》な秀吉に軍配をあげるだろう。

なるほど家康は、全国を平定し、徳川三百年の基礎を築いたが、なにかしら胸にいちもつある「タヌキオヤジ」の印象を受ける。

そこへゆくと秀吉は、一介の水呑百姓《みずのみびゃくしょう》からたたきあげ、天下を取ったが恬淡《てんたん》としている。

負けても勝っても、有頂天にならず、メソメソ後悔もしない。

「太閤《たいこう》さまにまで出世されるには、違った心がけが、あったことと思いますが……」

ある人がたずねた。

「ワシは、太閤になろうなどとは思ったことがない。草履取りのときは草履取りを一心に努めたら、足軽に取り立てられた。ありがたいことだと一生懸命仕えたら、侍になった。侍の仕事に夢中になっていると、いつしか侍大将になっていたのだ。ついに姫路一城を拝領するにいたった。ワシは、一職をうれば一職、一官を拝すれば一官、その職官に没頭して今日にいたったのだ。ほかに出世の秘訣《ひけつ》は、なにもない」


人生に目標を立てることは悪いことではない。

けれども目標達成に急なるがあまり、今日一日の努力が宙に浮くことが、おうおうにしてある。

権利だけ要求して義務をはたさぬ者の多い中、与えられた自己の場で、ただ死力を尽くす。〝あの人には見どころがある〟と、新しい重要ポストが与えられる。そこでまた脚下照顧《きゃっかしょうこ》して、ベストを尽くさねばならぬ。

一職に忠実な者は、何事にも忠実だが、一職を軽視する者は、どんな地位におかれても不平をもつ。不満のある者は成功しない。

与えられた使命を、忠実にはたすことが、成功への道である。

13
光に 向かって

「どうぞ」の一言とほほ笑みに、すっかりほれこんでしまった

向かいの家へ、新婚夫婦が引っ越してきた。

「どうせ、このごろの女《ひと》ですもの、ロクな近所づきあいもしないに決まっていますよ」

奥さんが主人に話している。

それから一週間ほどたったある日。

その奥さんが、赤ん坊を抱いて表へ出ていると、ちょうど、うわさの嫁さんが帰ってきた。

「お寒うございます」

と、あいさつしてから、

「まあ、おかわいらしい赤ちゃんですこと！　ばあ！　まあ、あんなに笑って！」

と、やさしい笑顔で、赤ちゃんをあやした。

するとどうだろう。

その晩、例の奥さん。

「ねえあなた、他人ってわからないものねえ。今度、お向かいへ引っ越してきた新婚さんねえ、案外、感じのいい方だわ。私、すっかり好きになってしまった」

と、ニコニコしながら、主人に話したという。


最近、あるデパートの食堂に働いていた、ウエートレスのA子さんが、一躍、某富豪へ、お嫁にもらわれていった実話がある。

A子さんを見初めた、某富豪の老母の話を聞いてみよう。

「私が、あそこの食堂で、ちょっとした食事を注文したとき、運んできたウエートレスが、〝どうも、おまちどおさま〟と言って、お膳《ぜん》を私の前にすえ、さらに〝どうぞ！〟と軽く、ほほ笑んでみせました。

その笑顔も、決していやしい媚《こ》びではなく、本当に女らしい愛嬌《あいきょう》でした。たいていなら、〝おまちどおさま〟と言って、ただそこに置いていくだけなのに、その人は、〝どうぞ！〟と言って、チャンと前へすえ直してくれました。

私は〝どうぞ！〟の一言と、そのほほ笑みに、すっかりほれこんでしまったのです」

女の未来は、やさしい言葉と愛嬌にかかっているようである。

14

名を成す人

努力の結晶

食い倒れの大阪で、有名なそば屋があった。

たいへん、商売熱心なその主人は、旅行などに出かけると、土地のそば屋へは必ず試食に出かける。

ついでに、その店で使っている材料や、しょうゆや、ダシなどを詳しくたずねて帰ってくる。

それらと、自分の店のとを比較研究して、日夜、美味への挑戦を、おこたらなかった。

あまりの評判を聞いて、ひどく興味をもったある人が、遠路もいとわず、この店を訪ねていった。

当の主人は、カウンター内に、姿勢正しく座っている。

ウエートレスたちは、できあがったそばを、お客へ運ぶ前に、必ず主人の所へ持ってゆき、一つ一つ味見してもらっているではないか。

それにまた主人は、実に真剣そのもので「よし」とか、「これはいけない」と、静かに裁断を下している。

自分の納得できない料理は、決してお客に出してはならぬという信条に、生きている。

この態度を見てその人は、なにによらず人が名を成すことは、決して、偶然や一朝一夕のことではないことを知らされ、頭が下がったという。

ある人が、有名な音楽家タルベルグに、ピアノの演奏の依頼にいった。近日にせまった新曲発表を、ぜひ、成功させたかったからである。

ところが、タルベルグの返事は意外であった。

「申し訳ないが、練習する日がたりません」

「あなたほどの大家、四、五日もあれば、これくらいの歌曲は、わけないでしょう」

「いや、私は公開の席に出るには、一日五十回、一カ月千五百回以上の、練習をしなければ出演いたしません」

さすが達人の言というべきか。

大家でも、かかる信念に生きているのだ。

飲み、食い、眠り放題で、頭角を現そうとすることは、木に縁《よ》って魚を求めるに等しい、と言わねばならぬ。

光に向かって 15

先生、毒薬を一服盛ってください

名医の処方

約三百年前のこと。

後藤艮山《ごとうこんざん》という漢方の名医がいた。

十二時も過ぎたある真夜中、一人の女性が訪ねてきた。

〝よろず屋〟の嫁女である。

「先生、一生のお願いです。毒薬を一服盛ってください」

ただならぬようすだ。

「なにに使うのか」

「お母さん（姑《しゅうとめ》）に死んでもらうのです」

〝よろず屋〟の、嫁と姑の犬猿の仲は評判だった。

よく心得ていた艮山は、断ったら嫁が自害する、と見てとった。

「よし、わかった」

しばらくして艮山は、三十包の薬を渡し、神妙にこう言った。

「一服で殺しては、あなたがやったとすぐバレる。あなたは磔《はりつけ》、私も打ち首。

そこで相談だが、この三十包、毎晩一服ずつ飲ませるのだ。

三十日目にコロリと死ぬように調合した」

喜んで帰りかける嫁女に、艮山先生、なおもこう諭す。

「わずか三十日の辛抱だ。お母さんの好きなものを食べさせ、やさしい言葉をかけ、手足をよくもんであげなさい」

翌晩から嫁女は、言われたとおりを実践した。

一カ月目の夜、いつものようにもみ終わると、ツトお姑さんが立ち上がり、驚く彼女に両手をついて、こう言った。

「今日はあなたに、あやまらねばならないことがある。今まできつくあたってきたのは、代々続いた、この〝よろず屋〟の家風を、はやく身につけてもらうためであった。

それがこの一カ月、あなたは見違えるように生まれ変わった。よく気がつくようになってくれた。もう言うことはありません。今日かぎり、一切をあなたに任せて、私は隠退します」

己の心得違いを強く後悔し、艮山先生へ駆けこんだ彼女は、

「先生、一生のお願いでございます。毒消しの薬を、はやく、はやく、作ってください」

涙ながらに、両手をついてたのむ嫁女に、艮山先生、大笑い。

「心配ないよ。あれは、ただのソバ粉だよ。ハッハッハッ」

16 にこやかな笑顔と、明るいあいさつほど世の中を楽しくするものはない

ジョン・ワナメーカーは、デパート王といわれる。
店員募集の広告を見て、一人の青年がやってきた。
みずから面接したワナメーカーの質問に彼は、
「イエス、ノー」
と、適切に即答して少しの誤りもなかった。
体格も立派だし、学力も十分。
同席者は採用を確信して疑わなかった。
ところがどうしてか、不合格になったのだ。

「たいそう、よい青年のようでしたが、どこかお気に召さないところがありましたか」

側近の不審にワナメーカーは、こう言っている。

「あの青年は、私の質問に、『イエス、ノー』と、ぶっきらぼうに言うばかりで『イエス・サー、ノー・サー』（敬称）と、丁寧な物言いをしなかった。

あんなふうではきっと、お客に親切を欠くことがあるにちがいない。

親切第一がモットーの私の店には、雇うわけにはゆかないのだよ」

たったの一言が、いかに大切か。

「社長が愉快げに〝おはよう〟とあいさつされると、一週間は楽しく働ける」

こう言って、ワナメーカーの店員たちは、喜々として働き、店は栄えに栄えたという。


なにが社会奉仕といっても、にこやかな笑顔と明るいあいさつほど、世の中を楽しくするものはない。

彼は街頭をゆく楽隊のように、四方に光明をバラまく。

笑顔とあいさつを出し惜しむ者ほどの、ドケチはないといってよかろう。

ちょっと目もとの筋肉を動かし、わずか一言、二言を話すだけで、人に幸福を与えることができるのに、それすらもケチるからである。

シドニー・スミスは、おもしろいことを言っている。

「少なくとも一日に一人を喜ばせよ。十年すれば、三千六百五十人を喜ばせることになる。

一町村あげて喜ばせる、寄付金を出したのと同様だ」

まさに釈迦《しゃか》の〝和顔愛語《わげんあいご》〟の布施行である。

17
光に向かって

花嫁が泣くのは、初めて親心のありがたさを知るからだ

ある娘が嫁いだ。

結婚式も披露宴も無事にすんだ翌日、花嫁は姑《しゅうとめ》に両手をついてたずねた。

「お母さま、今日は、なにをしたらよいでしょうか」

「まあ、ここしばらくは急ぐこともないし、おまえも疲れているだろうから休みなさい」

姑は、やさしくいたわった。

「いいえ、お母さま。私なら少しも疲れてはおりません。へたですが縫い物でもあったら手伝わせてください」

「そんなにまで言ってくれるのなら、ゆっくりでよいから、この着物を一枚、縫ってもらおうか」

姑は、緋縮緬《ひぢりめん》の裏表打ち通しのものを出してきた。

これは自分の腕だめしだ。立派に縫い上げねばと花嫁は、その晩遅くまでかかって仕立てあげた。

「おはようございます、お母さま。昨日お預かりしました縮緬の着物、不出来ではございますが、やっと縫いあげました。どうぞ、ごらんください」

あまりの速いのと、見れば、実にきれいに縫えているのに、姑は二度びっくり。さっそく、近所隣まで見せにまわるという喜びようであった。

花嫁は、うれしさが胸いっぱいにこみあげてくると同時に、実家の母のことが思い出されて泣いた。

日ごろ、「こんな縫いざまがあるか」「なんという不調法な子だろう」「もっと性根を入れて縫わないか」と、さんざん叱《しか》られて、幾度も縫い直しをさせられたときは、母を恨み、怒っていた自分であった。

しかしあのように、厳しく叱って鍛えておいてくだされたからこそ、みなさんに、ほめてもらえることができたのだ。

今にしてはじめて、尊い母の心づかいを知って花嫁は、親心のありがたさに泣いたという。

にくくては
たたかぬものぞ
笹《ささ》の雪

18

光に　向かって

温室の花より、寒風に咲く花のほうが、香りが高い

ある働き盛りのサラリーマンが、夜明け方、手洗いに起きて中庭へタンを吐いた。それが真っ赤だったので、びっくり仰天。てっきり結核と思いこんだ彼は、ヘナヘナと、その場に座りこんでしまった。

いつまでも帰らぬ夫を案じて起きてきた妻が、それを見つけて、ようやく寝室まで連れもどし、

頭に手をやると相当の熱だ。

さっそく、医者を呼ぶなどしての大騒ぎ。ワケをきいた妻が、よくよく庭へ出て確かめてみると、散った椿《つばき》の花の上に、タンを吐いたことがわかった。

真相を話すと、たちまち熱は下がり、ケロリとした本人は、はりきって勤めにでかけた、という話がある。

もし事実がわからねば、本当の病人になっていたかもしれない。

なにも世の中、ビクビクすることはいらぬ。

地球でさえも昼と夜とがあり、月には新月もあれば、三日月も満月もあるではないか。

大海にも、満潮もあれば干潮もある。栄枯盛衰は世のならい。使う金のないときは定期だから、期限がくるまで待てばよい。

不幸や逆境のドン底にたたきつけられたときは、大きな試練を受けているのだ。如来は私に、より以上のものを与えようとして訓練していなさるのだ、と思えば愉快ではないか。

順境に恵まれている温室の花より、寒風凛々《かんぷうりんりん》たる逆境に鍛えあげられた花は、香りが高い。

降るもよし、照るもよし。つまらぬというのは、その人がつまらぬということだ。

魂の開眼《かいげん》こそ肝要である。

お草履は手前のご主人

藤吉郎時代の秀吉

木下藤吉郎（秀吉）が織田信長の草履番頭であったのは二十一歳、信長は二十四歳であった。

前ぶれなしに、夜中でも明け方でも床をけって飛び出す、信長の草履あずかる仕事は、決して楽なものではなかったろう。

四六時中、信長の動静を注意深く見守り、とっさの外出に応ずるだけの態勢が必要であった。

信長がいつなんどき玄関へ飛び出しても、藤吉郎が信長の草履を懐にあたため、軒下に犬のようにうずくまっていた話は有名である。

初め信長は、藤吉郎のそろえた草履をはくと生あたたかいので、

「こやつ、主人のはきものに腰をかけておったな」

と大喝した。

〝こやつは、役に立つか立たぬか〟

信長は、常に人間の才能を試す心が非常に強かったから、本当は、そうは思っていなかったが、わざと叱《しか》って藤吉郎の返答を試したのである。藤吉郎は、ありのままに答える。

すると信長は、

「まだ、主人を言いたばかるかっ」

と、どなりつけて、小姓に命じて藤吉郎の懐をさぐらせると、外ぶところにはなにもなかったが、内ぶところから土砂が出てきた。

「まこと、そちゃ、草履を抱きおったな」

と、ニヤリとする信長に藤吉郎は、こういって頭を下げている。

「はい、お草履は手前のご主人、お風邪を召しては大変と存じまして……」

人は、大阪城に天下を睥睨《へいげい》する太閤《たいこう》秀吉を知っても、厳冬の軒下に犬のようにうずくまっていた藤吉郎を忘れがちである。

20
光に向かって

きっと持っていけと言いますから

大政治家フィリップの少年期

フランスの片田舎に住む正直者のジャック。貧乏で隣家の借金が返せず、やむなく飼っていた雌鶏《めんどり》を五、六羽、かわりに引きとってもらった。

翌日、ジャック夫婦が畑にでたあとへ、雌鶏が打ち連れて古巣へ里帰り、卵を五、六個産みにきた。

留守番していた七歳の息子フィリップは大喜び。

「お母さんが帰ってきたら煮てもらおう」

と、小かごに拾いあげようとして、ハッとした。

雌鶏はもう自宅《うち》のものではない。ならば卵は隣家のもの、と気がついた

からである。

さっそく、先方に届けたフィリップに感心した隣人はたずねた。

「お父さんか、お母さんの言いつけかな」

「いいえ、二人とも畑へいっています。帰ってきたら、きっと持っていけと言いますから」

フィリップの正直に感動して雌鶏二羽をほうびにくれた。

フィリップは後に、フランスの大政治家になっている。

正直を貫けば必ず成功する。

世の親たちはフィリップのように子供を育てているだろうか。
七、八歳のかわいい娘を連れた婦人が、電車に乗ってきた。

前の奥さんが、子供にきいている。

「かわいい嬢ちゃんですこと。おいくつになるの」

「お母ちゃん。家のときの歳《とし》を言おうか、電車に乗ったときの歳を言おうか」

ときかれて、赤面した母親をみたことがある。

わずかな乗車賃を惜しんでウソを教え、無垢《むく》な魂に傷をつけてはいないだろうか。

横にはっている親ガニが、まっすぐ歩めと子ガニに言っても詮《せん》ないこと。

針が正しく進まねば、糸の曲がるのは当然であろう。

親たる者、どんな貧苦の怒濤《どとう》も乗り切り、正直に強く生きねばならぬ。

かわいい子供のためにも。

水車の回る音も、聞きなれれば苦にならない

ソクラテスの哲学

アンチモテネスは、ギリシア一番の土地保有者である。

哲学者ソクラテスを訪ねて、広大な土地を持っていることを自慢した。

地球儀をクルクル回して、ギリシアを出し、ソクラテスは言った。

「君の土地は、どこらへんかいな」

「いくらオレの土地が広いといっても、地球儀にはのっていないよ」

すかさず、あきれ顔のアンチモテネスに、

「なさけないね、地図にものらぬ土地を所有しているとて、いばるものではない。

オレは大宇宙を頭でこねまわしているのだ」

と、らいらくに笑ったソクラテスも、

「結婚して、いい女房にぶつかれば幸福になれるし、悪い女房なら哲学者になれる」

と、しんみり語っている。


彼の妻クサンティッペの、悪妻ぶりを伝える逸話は多い。


朝から晩まで、亭主の稼ぎのなさをこぼしているクサンティッペを見て、

「よくまあ、あの小言に耐えられるね」

と友人が言うと、ソクラテス、答えていわく。

「水車の回る音も、聞きなれれば、苦にならないものだよ」


またあるときは、いくらグチっても馬耳東風で、自分をあまり相手にしないので、かんしゃく持ちの妻が、ソクラテスの頭からオケの水をぶっかけた。

そのときの言葉も、ふるっている。

「雷の後には、いつも夕立と昔からきまっている」

これではケンカにならない。


悪妻と思えば腹が立つ。

じゃじゃ馬を乗りこなすと思えば勉強になる。

馬術に秀でるには、荒馬をならす技術がいる。


一番むずかしい馬をあやつることができるようになれば、天下に、怖い者はない。


自分の家族の例をひいてソクラテスは、弟子たちにそう教えたという。

さすが哲学者である。

22

光に　向かって

「ああこれで、ぼくは、英国人の誇りをキズつけないですんだ」彼の誇りとは……

菊池大麓博士《きくちだいろくはかせ》といえば、世界的数学者。

かつて、イギリスのケンブリッジ大学に留学中は首席を貫いていたが、あるとき、重い病にかかり、長い入院生活を余儀なくされた。

ために学校の欠席が続いた。

誇り高き英国の学生たちは、他国のものにトップを独占されている、日ごろのウップンを晴らすはこのときなりと、次席のブラウン君を、こう励ますのであった。

「いよいよ君にチャンスがきたのだ。菊池は病気で講義を筆記することができない。今度こそ、大英帝国のメンツにかけても、君が首席を取ってくれなければ」

やがて菊池の病気も全快し、学期試験も終わって、発表された成績は、やはり、菊池が一番でブラウンは二番であった。

ブラウンはしかし、こう満足そうに、一人つぶやいたという。

「ああこれで、ぼくは、英国人の誇りをキズつけないですんだ」

ブラウンは、病床中の菊池に、毎日、ノートを送り続けていたのである。

他人の不幸を願い、友の失敗を喜ぶ人の世に、なんと奥ゆかしい友情だろうか。

他人の苦悩を笑う世に、高潔な紳士の誇りこそ、キズつけたくないものである。

23 光に向かって

本来の女性は、人生の大地のようである

事業に失敗し、ぼうぜんと帰宅した男が、妻にこういった。

「もうダメだよ、オレは。あきらめてくれ。家中の財産は灰まで執行吏に差し押さえられることになったんだ」

どんなに嘆き悲しむかと思いきや、意外に妻は、微笑してこうたずねた。

「それは大変ね。しかし執行吏は、あなたの身体《からだ》も差し押さえるのですか」

「いや、そんなことはない」

「じゃ、私の身体が差し押さえにあうの」

「いやいや、おまえは関係ないよ」

「坊やは？」

「子供なんか、問題でない」

「それじゃあなた、なんですか。家中のものをなくすというわけじゃないじゃないの。健康な私たちと、夢を秘めた子供たち――一番大切な財産が残るじゃありませんか。

私たちは少しだけ遠回りしただけでしょう。お金や財産なんか、これからの心がけ次第で、いくらでもできるじゃありませんか」

妻のたのもしい励ましに、しょげていた主人の顔は、パッと一度に明るくなって、みごと、苦境を克服したという。

実験で、ウサギの足にギプスを巻く。

オスはたちまち怒り、首をふり、ギプスをかみ、束縛から逃れようと必死の努力を試みる。

この間もちろん、エサなど食べようとはしない。ひたすらかじり続けるのである。

ところがメスは、初めの一時間ぐらいは、やはりかじるが、そのうちダメだと知るとあっさりあきらめ、食事をとり、休養し、ムダな体力のロスはしないという。

この結果、先に弱って死ぬのは言わずと知れたオスで、その愚かな弱さと、メスの一種独特のしたたかな強さは、人間のそれに似ているようだ。

そういえば女性の平均寿命が、いつも勝っているのもうなずける。

本来の女性は人生の、やはり大地のようである。

毒蛇に気をつけよ

身を責める財宝

「そこに、毒蛇がいるぞ。かみつかれぬように」

「ハイ、心得ております」

釈迦《しゃか》に従って歩いていた阿難《あなん》が答える。

その会話を聞いた農夫が、怖いものみたさにのぞいてみた。

なんとそこには、まばゆい金銀財宝が、地中から顔を出しているではないか。

「昔、だれかが埋め隠したのが、大雨で洗いだされたにちがいない。こんな宝を毒蛇と間違うとは、釈迦も、まぬけやろうだ」

農夫は喜んで持ち帰った。

いっぺんに生活は華美になり、国中の評判になった。王様の耳にも入り、あやしまれ、厳しい詮議《せんぎ》を受けて白状した。

かかる大枚の財宝を横領するとは、許せぬ大罪。死刑に処するが三日間の猶予を与える、と、いちおう帰宅させた。

次第をきいて家族は、嘆き悲しんだ。

「ああ、お釈迦さまは偉い。間違いなく毒蛇だった。オレがかみ殺されるだけでなく、妻子にまで毒がまわり、たいへんなことになった。家族そろって平和に暮らせるのがなによりだ。財宝が、かえって身を責める道具になった」

農夫は心から懺悔《ざんげ》した。


翌日、呼び出しがかかった。

死刑が早まったのかと、青ざめて法廷に出ると、

「おまえの罪はゆるす」

との大恩赦。理由は、

「おまえが帰る前に床下に家来を忍ばせて、すべてを聞いた。お釈迦さまのお言葉から、おまえの懺悔。考えてみると、おまえばかりが毒蛇にかまれるのではなかった。とりあげるオレも、酒色におぼれ、国を破滅させるところだった。財宝はお釈迦さまに使ってもらおう」

とのことだった。

一部始終を聞かれた釈迦は、微笑されながら、

「この世の宝は身を苦しめる道具になることが多い。さっそく、みんなが絶対の幸福になる仏法を伝えるために使おう」

と、お預かりになった。

大臣や総理までつとめたものが獄舎につながれ、毒にあてられ、悩んではいないか。

毒蛇の被害者は、周囲にみちている。

25

光に向かって

有頂天から始まる地獄

久米の仙人が落ちたわけ

大和国《やまとのくに》に、久米寺《くめでら》という古い寺がある。次のような因縁が『徒然草《つれづれぐさ》』に記されている。

昔、久米という仙人が雲に乗って、大空を自在に飛び回っていた。

飛行機もない時代だから、さぞかし愉快なことであったろう。

ある日の昼さがり、得意満面の彼は、雲間から下界を見おろした。

広い大和平野に、一条の川が静かに流れている。

その川に天女を思わせるきれいな娘が、だれに見られる心配もない気楽さから、おもいきり腰巻をまくりあげ、内股《うちまた》広げて、鼻唄《はなうた》まじりで陽気に洗濯しているのを、見てしまったのだ。

相当の修行を積んでいた仙人ではあったが、こんな、なまめかしい姿態をみてはたまらない。

ついムラムラと、出してはならぬ妄念がわきあがった。と同時に、たちまち神通力《じんずうりき》を失って、ドスンと雲間から転落して、二度と空を飛ぶことができなくなった。

仙人はそこに寺を造り、仏道修行に打ちこんだという。これが久米寺の伝説で

ある。

いくら仙人といっても、人間が雲に乗って自在に空が飛べるはずがない。これは慢心をあらわしたものであろう。

慢心ほど危険なものはない。オレはもう仙人のさとりを開いているのだ、おまえらはなんだと、他を見さげる心。

オレは金持ちじゃ、財産家じゃ、博士《はかせ》じゃ、学者じゃ、社長じゃ、会長じゃ、美人じゃと、他人を見下し、ばかにする。


敗戦前の日本もそうだった。神国日本は世界の盟主とうぬぼれ、外国を併呑《へいどん》して、その主になろうとした。

その結果は惨敗で、地獄に墜落したことは、天下周知の事実である。人は山のてっぺんに登ることはできるが、そこに永く住むことはできない。


地獄は有頂天から始まることを、ユメ忘れてはなるまい。

悲願に生きる

ジェンナーと天然痘

種痘といえば、ジェンナー。

有名である。

エドワード・ジェンナーは、最初、博物学に興味をもち、鳥類の研究に没頭していた。

ところがそのころ、多くの人々を苦しめている天然痘を見聞して、なんとかこれら苦悩の人々を救いたいという、一大悲願を抱くようになった。

彼はまず、牛乳をしぼる人たちが、牛の天然痘に感染していったん癒《い》えると、以後、決して人間の痘瘡《とうそう》にはかからないという経験談に、強い興味と興奮をおぼえる。

それからというもの、細心の注意で経験談を集め、確かめることに尽力した。その後、ロンドンに出て、名医ハンターに師事して意見を求めると、

「まじめに、おおいに試みよ」

と激励される。

ジェンナーは、いっそう周到に、幾度も実験し、考察し、ますます自信を深めていった。

よく知られる、みずからの予防法を、わが子に試みたというのは、その間のエピソードである。

また、サラーネルメスという、牛痘に感染した乳しぼりの女の手から膿《うみ》をとり、これをヒップスという八歳の児童の腕に植えもした。

一七九六年五月十四日。これが現代種痘法の最初といわれる。

盤石の基礎をえた彼が、所信を、ひとたび世界に発表するや、激しい毀誉褒貶《きよほうへん》が巻きおこった。

〝牛痘を植えると角が生える〟などの、笑止な反対運動にもみまわれる。

しかし、これらの反対に、根気よく戦い、人類社会の福祉増進に彼は、骨身惜しまず努力した。

十九世紀だけでも全世界で、数千万の人々が、このいまわしい病苦から救われている。

一九七九年、世界保健機関（ＷＨＯ）は、ついに天然痘根絶を宣言した。

史上に残る鴻業《こうぎょう》を樹立し、世界の恩人と仰がれる人たちは、みな崇高な悲願と、たゆまぬ努力で、イバラの道を開いたのである。

27
光に向かって

闇の中で字が読める

法霖の読書

江戸中期、浄土真宗に法霖《ほうりん》という大学僧がいた。

若いころは慧琳《えりん》といい、十九歳で『選択集《せんじゃくしゅう》』を講義して希代の奇才とうたわれた。

後年、真宗を誹謗《ひぼう》した華厳宗の傑僧・鳳潭《ほうたん》を相手に大論争をやり、『笑螂臂《しょうろうひ》』五巻を著して完膚なきまでに誤りを正し、名を天下にとどろかせた。

その法霖が鷺森別院《さぎのもりべついん》の役僧をしていた十七歳のとき、ある夕方、輪番が火の用心のために見まわると、本堂の後ろの真っ暗がりの中で、一心に読書しているものがいるので驚いた。

「そこにいるのは、だれか」

「はい、慧琳でございます」

「こんな闇《やみ》の中で字が読めるのか」と言われて振り向いて、ふたたび書物に向いたときは、もう文字は見えなかったという。

熱中していたので、闇の中でも字が読めたのであろう。

またあるとき、友達が海水浴に誘った。

「ちょっと待ってくれ、ここまで読むから」

と立ち上がらない。

どれだけ待ってもやめようとはしない。

「いいかげんにしろ」

「すまんが後でゆくから先にいってくれ。おもしろくてやめられないのだ」

「それじゃ、この帽子をかぶってこいよ」

と、頭の横にかぶせていった。

夕方になっても法霖はこなかった。みんなが帰ってみると、帽子を横にかぶったままの姿で、読書にふけっていたという。

精出せば　凍るひまなし　水車

親切は決して他人のためならず、相手を満足に生かせ

渡辺崋山の『商家の銘』

出入りの商人が、あるとき、渡辺崋山《わたなべかざん》に商売の秘訣《ひけつ》をたずねた。
快く崋山は『商家の銘』を書き与えている。

㈠　召使より、早く起きよ。
㈠　十両の客より、百文の客を大切にせよ。
㈠　買人《かいて》が、気にいらぬ品を返しにきたならば、売るときよりも丁寧に受けよ。
㈠　繁盛にしたがって、ますます倹約せよ。

㈠　小遣いは、一文より記せ。
㈠　店を開きたるときのことを忘るな。
㈠　同商売が近所にできたらば、懇意を厚くし互いに励めよ。
㈠　出商《でみせ》を開いたら、三カ年食料を送れ。

いつの時代でも、早寝早起きは健康にもよし、成功の秘訣である。

ややもすると金持ちを大事にし、貧乏人をおろそかにしがちであるが、貧しい人たちを大切に、その味方になってあげなければならない。どんなに自分の都合が悪くとも、常に相手の立場に同情し、丁寧に応対することが大切である。

大勢の人々から尊敬されればされるほど、身の言行をつつしまなければならない。

どんな一枚の紙きれでも、人生の目的を果たすためのものだから、粗末にするのは禁物である。

いくら恵まれ成功しても、常に初心を思い出し、懈怠横着《けたいおうちゃく》になってはならない。

ライバルが現れたら、もっと努力精進せよと、自己を磨いてくれる菩薩《ぼさつ》と拝んでゆくことが肝要である。

親切は決して他人のためならず、相手を満足に生かすまで、できうるかぎりの努力を惜しんではならない。

なぜやめぬ
怨み呪えば
身の破滅

29
光に向かって

他人の長所は、少しでも早くほめよ

清正、深夜の急用

一睨《いちげい》すれば猛虎も退散したという豪将の加藤清正は、威あって猛《たけ》からずの柔和な有徳人であったから、部下は慈父のように慕った。

その清正の長雪隠《ながせっちん》は有名である。

ある真夜中、熊本城の便所の中から、しきりに人を呼ぶ。

「なにか、ご用であられまするか」

小姓がかしこまって、伺いをたてた。

「急ぎの用を思い出した、庄林隼人《しょうりんはやと》を呼びにやれ」

庄林隼人は風邪の熱で伏していたが、何用かと、使者と同道、登城した。

まだ、便所の中にいた清正は、

「汝《なんじ》を呼んだのは余の儀にあらず。汝の家来に年中、茜染《あかねぞ》め一重のチャンチャンコを着ている二十歳前後の若者、あれの名はなんと申すぞ」

「ああ、あれは草履取りの出来助という者でございますが……」

「うん、そちも覚えているじゃろう。そら、川尻《かわしり》へ芝居能を皆で見物にいったときに、あの若者が葦《あし》の茂みで前をまくり、小便をしとるところをみたのじゃ」

「御前をもはばからず、そのような不謹慎をつかまつりましょうとは」

庄林は悪寒にふるえながら、しきりに出来助の過ちをとりなした。

「あたりに便所がなければ、物かげへ寄って用足しするのはあたりまえじゃ、不謹慎もなにもありゃせん」

「はっ」

「そのときに、ふと見るとどうじゃ。その若者は小袖《こそで》の下に鎖帷子《くさりかたびら》を着け、脚絆《きゃはん》のかわりに脛当《すねあて》をあてているではないか。戦乱もおさまり、上下とも武備をおこたる当節に、治にいて乱を忘れぬ心がけは、あっぱれ至極じゃ。すんでのところで彼のことを忘れてしまうところであった。いま長雪隠のつれづれに、そのときのことを思い出した。かくいううちにも死んだら、だれが彼を引き立てようぞ。してみれば明日も待てぬ、いや便所のすむまでも待てぬ。深夜、そちには、きのどくであったが呼び出した。出来助とやらに語り聞かせて、かわいがってやれよ」

庄林隼人は頭痛もどこへやら、主君の温情に感泣して下城した。

出来助が、草履番から一躍六十石の士分に取り立てられたのは、それから三日後であった。ありがたさ骨髄に徹した彼は、いよいよ誠実に精励したことは言うまでもない。

「その慈悲、仏のごとし。日本中の好人なり」

と、朝鮮の王から慕われたのも、うなずけることであろう。

30
光に　向かって

屏風と商売は曲がらにゃ立たぬか

そろばんの教訓

九州博多の聖福寺《しょうふくじ》の和尚であった仙厓《せんがい》が、あるとき、大福帳とそろばんの絵をかき、その上に賛をした。

「手もとを上ぐれば向こうにゆく。手もとを下ぐればこちらにくる。わするな、わするな」

そろばんというものは、手もとを上げると、玉はガラガラと向こうにゆく。手もとを下げると、玉はガラガラとこちらへくるものである。

それと同じで、品物を悪くして値段を上げると、お得意さんもガラガラと向こうにいってしまう。

品物を良くして値段を下げると、お客はガラガラとこちらのほうにきて、商売は大繁盛する。

忘れるなよ、忘れるなよ、といましめている。

「屏風《びょうぶ》と商売は曲がらにゃ立たぬ」

と、世間には平気で、あくどい商売をする者がいるが、決して成功はできない。

「ドカ儲《もう》けすりゃ、ドカ損する」

といわれるように、曲がったことで金儲けすれば、一時は儲かるかもしれぬが不信用もえて、必ず後がふさがるものだ。

信用は巨万の財産である。儲かるという字は、〝信用ある者〟とあるではないか。

魚をとるのは、どこの猫でも同じ

主人が帰宅した。妻が裏口で、棒を持って構えている。

「おまえ、そこで、なにしてる」

「あら、おかえり。私、いま腹がたってしかたがないの」

「いったい、どうしたんだ」

「今日ね。あなたの好きなハマチ、千五百円もだしてよ、買ったの。それをマナ板の上においたとき、ご飯が炊きあがったので、火を弱めて、ひょいと後ろを向いたらあなた、アノ盗人猫《ぬすっとねこ》めが、魚くわえて床下に逃げこむじゃないの。いくら呼んでも、目を光らせて、うなってばかり。私、くやしくて、くやしくて」

「よしよしわかった。ところで一度、静かに考えてみようじゃないか。猫は主人がハマチが好きで、千五百円も出して買ったと知っていただろうか」

「そんなこと、猫が、知るもんですか」

「では魚をとるのは、ウチの猫だけか」

「そりゃ、どこの猫でもとりますわよ」

「そんな猫に魚をとられる主婦は、賢いのか、ばかなのか。もしこの事件を仏さまが裁判なされたら、訴訟費用は原告の、おまえが持たねばなるまい」

「もういいわ。私、猫をたたきません」

「イヤ、たたけ、たたけ」

「でも、猫が悪くないもの」

「どちらが悪いか」

「私が悪かったのよ」

「それじゃ、お前の頭をたたいておけ」

猫が魚をとるのは開闢《かいびゃく》以来のことなのだ。

腹をたて苦しむのは、いつでも、己が正しいと思うのが原因である。

32

光に向かって

なにが家康を天下人にしたか

失敗の教訓

生涯にただ一度の敗戦「三方ヶ原の合戦」が、家康を天下人にしたといえば意外かもしれぬ。

三方ヶ原は浜松市の南西に広がる、東西八キロ、南北十二キロの台地である。元亀三年十二月二十二日。家康（三十一歳）の一万一千が、武田軍二万五千と激突し惨敗した。

当代随一の名将・武田信玄の遠江《とおとうみ》侵攻に、どう対処すべきか。

籠城《ろうじょう》持《じ》久戦《きゅうせん》を主張した信長にたいし、家康は積極作戦を考えた。長期の今川氏からの解放感と、浅井《あざい》、朝倉を撃破した自信から、〝信玄恐るるに足らず〟の思いあがりが家康にはあった。

一方、浜松城の堅塁を知っていた信玄は、大胆な欺瞞作戦《ぎまんさくせん》で、家康を三方ヶ原へと誘いだし、武田騎馬隊の勇名をほしいままにした。

信玄が投げたエサに食いついた家康は、若気のいたりといわれても、しかたがなかろう。

命からがら、彼は浜松城へ逃げ帰っている。

「彼を知りて己を知らば、百戦してあやうからず。彼を知らず己を知らざれば、戦うごとにあやうし」

孫子の言を三方ヶ原で、家康は証明させられた。

ただし家康の偉大さは、敗因が慢心にあったことを深く反省し、信玄を師とあおいで、彼の戦術戦略を学びとったところにある。

三方ヶ原の敗戦から二十八年たった慶長五年。石田三成と天下を争ったとき、みごとに彼は、この失敗の教訓を生かした。

まず、石田三成ら反徳川勢に挙兵させるため、みずから上杉討伐に出かけてスキをつくる。

決戦前日には〝三成の本拠、佐和山城を突く〟との偽情報を流して、大垣城に拠《よ》る西軍を関ヶ原へ誘いだすことに成功し、殲滅《せんめつ》している。

信玄が自分にとった戦法を、そっくりまねたのだ。

失敗を成功のもとにするのは、心構え一つである。

ああ、おれも子供に門番にさせられることがあるのか

バラナ国の悪法

昔、インドのバラナ国に悪法があった。

男が六十歳になると、子供から一枚の敷物をもらって、その家の門番にならねばならぬというのである。

その国に、女房に早く死に別れ、極貧の中を男手一つで、二人の子供を育てあげた男がいた。

もう彼も、六十歳である。

まるで、ひとりで成長したように思っている長男は、〝敷物を探して父に与え、門番にせよ〟と弟に言いつけた。

孝行な次男は、とほうにくれたが、物置小屋から一枚の敷物を探し出し、それを二つに切った。

「お父さん。まことに申し訳ありませんが、兄さんの言いつけです。今日から家の門番になってもらわねばなりません」

あふれる涙を押さえながら、その一枚を父に与えた。

「おまえはなぜ、その敷物全部を与えないのか」

兄は弟のやることが、どうも腑《ふ》におちない。

「兄さん、家《うち》にはそんなたくさん敷物はありません。たった一枚しかないものを、全部お父さんに使ったら、後でいるようになったら困るじゃありませんか」

「後で必要なときに困る？　そんな物、だれが使うのかい」

兄は、ますます不審に思う。

「だれでも、いつまでも若いのではないのです。もう一枚は兄さんの分ですよ」

「なに！　おれがそんなものを、使うことがあるというのか」

「それは兄さんが六十になったときです。敷物がなかったら、兄さんの子供が困るじゃありませんか」
「ああ、おれも子供に、門番にさせられることがあるのか」
がくぜんとして非道に気づいた兄は、弟とともに立ちあがり、この悪法打破に成功したという。

「今日は他人の身、明日はわが身」

といわれても、よもやよもやとうぬぼれて、我々は確実な未来さえも、知ることができないのである。

34
光に向かって

智恵ある者に怒りなし。よし吹く風荒くとも、心の中に波たたず

あるとき、邪教徒の若い男がお釈迦《しゃか》さまの所にきて、さんざん、悪口雑言《あっこうぞうごん》ののしった。

黙って聞いておられた釈迦は、彼が言い終わると、静かにたずねられた。

「おまえは、祝日に、肉親や親類の人たちを、招待し、歓待することがあるか」

「そりゃ、あるさ」

「親族がそのとき、おまえの出した食べ物を食べなかったらどうするか」

「食わなければ、残るだけさ」

「私の前で悪口雑言ののしっても、私がそれを受けとらなければ、その罵詈雑言《ばりぞうごん》は、だれのものになるのか」

「いや、いくら受けとらなくとも、与えた以上は与えたのだ」

「いや、そういうのは与えたとは言えない」

「それなら、どういうのを受けとったといい、どういうのを受けとらないというのか」

「ののしられたとき、ののしり返し、怒りには怒りで報い、打てば打ち返す。闘いを挑めば闘い返す。それらは与えたものを受けとったというのだ。しかし、その反対に、なんとも思わないものは、与えたといっても受けとったのではないのだ」

「それじゃあなたは、いくらののしられても、腹は立たないのか」

お釈迦さまは、おごそかに、偈《げ》で答えられた。

「智恵《ちえ》ある者に怒りなし。よし吹く風荒くとも、心の中に波たたず。怒りに怒りをもって報いるは、げに愚かものののしわざなり」

「私は、ばか者でありました。どうぞ、お許しください」

外道の若者は、落涙平伏し帰順したという。

35

光に　向かって

腹立ったときは、数をかぞえよ

焼け野原で、ひとり泣きたくなければ

上野の動物園のカバが、妊娠した。

関係者は、カバの子が産まれることを待望していた。ところが産まれてきた子は死んでいたので、一同、おおいに落胆した。

原因を調べたところ、妊娠中に他の部屋に移そうとしたら、カバは、どう思ったのか、たいへん怒ったそうである。

それが、胎児を死にいたらしめた主因であることが判明した。カバも、バカなことをしたものだ、という新聞記事を読んだことがある。

また街道でケンカ口論を始め、殴りあおうとしたときに、バッタリ倒れて死ん

だ、という話も聞く。

腹を立てると有害な毒素が身体《からだ》をそこなう、といわれる。

昔、大乗法師《だいじょうほっし》が四十年間続けた法華経読誦《ほけきょうどくじゅ》の功徳を、一念の瞋恚《しんい》によって失った、という話は有名である。

カッとなると、平素、思いもよらぬ恐ろしいことを考え、乱暴なことでもする。その結果、焼け野原に、ひとりぽつねんと立って泣かねばならない。

その時しかし、わずかの余裕をおいて、なんで腹が立つのか、なにが気にいらぬのかということを、少しでも考えてみれば、憤りも陽《ひ》にあった雪のように、消えうせてしまうものである。

己が正しいのに非難されたのであったならば、決して相手をせめる要はない。いつかきっと解けて、先方から詫《わ》びがくるものだ。真実に敵するものはないからである。

また、己が間違っていると知ったら〝改むるに、はばかることなかれ〟と古人も教えているとおり、ただちにこれを改めて、向上すればよい。

いたずらに、あやまれる我《が》を押したてて、怒りくるうなどは、愚の骨頂である。実際、腹を立てた後ほど、あじきないものはないではないか。

腹立ったときは、数をかぞえよ、
相手が怒ったときは、ふれずに放っておけ、
と先達は教えている。

36
光に向かって

ミッドウェーで優勢であった日本艦隊が、なぜ敗れたのか

勝者を滅ぼすもの

太平洋戦争の劇的なターニング・ポイントとなったミッドウェー海戦。

戦力も戦局も、歴然と優勢であった日本艦隊が、なぜ大敗を喫したのか。

開戦から六カ月後の昭和十七年六月五日のことである。

ミッドウェー海戦に投入した日本の戦力は、「赤城《あかぎ》」「加賀《かが》」「飛龍《ひりゅう》」「蒼龍《そうりゅう》」の正規空母四隻と、戦艦二隻をはじめとして、重巡二隻、軽巡一隻、駆逐艦十二隻を随伴するバランスのとれた陣容だった。

対する米《アメリカ》機動部隊は、空母三隻のうち、まともな航空部隊を擁していたのは

「エンタープライズ」だけ。「ホーネット」の飛行隊は新編成ホヤホヤ。「ヨークタウン」などは、一カ月前に被弾大破し、突貫修理での再出撃だった。

随伴する艦隊にしても重巡七隻、軽巡一隻、駆逐艦十七隻と、数はそろっていても戦艦がふくまれていなかったし、共同作戦行動をした経験もなかった。

航空機をくらべても、日本側が二八五機に対し米側は二三三機。性能の優劣も判然としている。

にもかかわらず日本は、主力空母四隻と搭載機二八五機のすべてを喪失し、戦局を逆転させることになったのだ。

アメリカの戦史作家ウォルター・ロードは、ミッドウェー海戦記に「信じられぬ勝利」というタイトルをつけたほどである。

なぜ、日本が敗れたのか。

山本五十六《やまもといそろく》大将の連合艦隊は、ハワイ攻撃以来、インド洋、ジャワ、オーストラリアへの連戦連勝で、無敵と自負するまでになっていた。

開戦劈頭《かいせんへきとう》のハワイ作戦やフィリピン作戦までは、慎重に慎重を重ねて作戦をねり、訓練も徹底的にやった。

常勝がついつい、その緊張感を弛緩《しかん》させたのである。

〝勝者を滅ぼすものは外敵にあらず、内なる慢心である〟

歴史の教訓を忘れた日本海軍は、慢心の落とし穴に、はまってしまったのである。

37
光に　向かって

生命はやるが、金は渡さぬ

逃げる石川五右衛門

昔、京都伏見に、たいへんよく働く八百屋がいた。

百両もの大金を持っていたので、盗られはせぬかと、夜もおちおち眠れないほど心配でたまらない。

ある晩、仏さまが八百屋の夢枕《ゆめまくら》に立って告げられた。

「こりゃ八百屋。近いうちに大盗人《おおぬすっと》がやってくる。そのときは、ハッキリと答えてやれ。命はやるが金は渡さぬとなァ。そう言えばだいじょうぶじゃ」

八百屋のおやじ、冷汗びっしょりで目がさめた。

すると案の定、ある晩、大盗人が入ってきた。

「こりゃおやじ、生命《いのち》がほしけりゃ、金を出せ」

夢のお告げを今じゃと思い出し、八百屋のおやじはたんかをきった。

「生命はやるが、金は渡さぬ」

盗人は、ほうほうのていで逃げうせた。

捕まった石川五右衛門は、

〝オレは生涯、恐ろしいと思ったのは、あのときだけだった〟

と、述懐したという。

生命をかけて達成できぬことはない。

散るときが　浮かぶときなり　蓮《はす》の花

飛びこんだ　力で浮かぶ　蛙《かえる》かな

小にこだわり大を失う

牛をすられた農夫

人通りの少ない山道を、大きい牛をひいて、わが家へ急いでいる一人の農夫があった。

牛は彼の最も大切な財産らしく、ふり返りふり返り、いたわりながら、日暮れの道を急いでいる。

やがて、農夫の後ろに二人のあやしげな男が現れ、一人が仲間にささやいた。

「おい、あの牛を、すり取ってみせようか」

「おまえがなんぼスリの名人でも、あんな大きな牛じゃねー」

相棒は首をかしげた。

「よし、それではやってみせるぞ。おれの腕前をみていろ」

二人はスリが本職だった。

牛をすってみせると言った男は早足で、グングン歩きはじめ、牛を追い越し、曲がり角の小さな地蔵堂の所で姿を消す。

農夫は薄暗い地蔵堂の角に、なにか落ちているのをみつけた。

拾ってみると、サラの皮靴の片方ではないか。

「せっかくの、すごい拾い物だが、片方じゃ使い物にならんわい」

ぶつぶつ悔やみ言をいいながら、靴を投げすて、しばらくゆくと、またなにかが落ちている。

拾ってみると、先ほど捨ててきた相手の靴である。先のと合わせると、新品の靴一足になる。

農夫は、しめたと思った。

「だれも通らぬ山道だ。まだあるにちがいない」

牛を道ばたの木にくくりつけ、飛ぶように引き返すと、案の定、靴はあった。

「今日は、なんと運のよい日だろう。こんな立派な靴が、ただで手に入るとは……」

得意満面、喜び勇んで帰ってみると、農夫の最も大事な牛の、影も形もみあたらなかった。

目先の欲に心を奪われて、最も大切なものを失う人の、いかに多いことか。

こうしてドン太は、大根まきができなかった

縁起かつぎ

縁起かつぎのドン太が、大根の種をまくのに畑にいった。

途中、近所の春子が、ほほをかかえて、小走りでゆく。

「春ちゃん、どうした」

とたずねると、

「歯を虫が食って、昨晩からねむれんので、歯医者さんにゆくの」

と言った。

「歯（葉）を虫が食ったって。縁起でもない。こんな日に種まけば、ロクな大根にならんわい」

プンプン言って、家に引き返した。

あくる日、出かけると、隣の弥兵衛に出会う。

すれちがった弥兵衛が、手ぬぐいを落としたのに気がつかない。

拾ってやると、

「はばかりさん」

と、礼を言われた。

「なんだこのやろう。はばかりさんとは縁起でもない。葉ばかりの大根ができてたまるか」

また、家へ帰ってしまう。

〝今日こそは、だれに会っても、なにも言うまい〟

翌日は、決心してでかけた。

ところが、イヤなことに向こうから、村長がやってくるではないか。

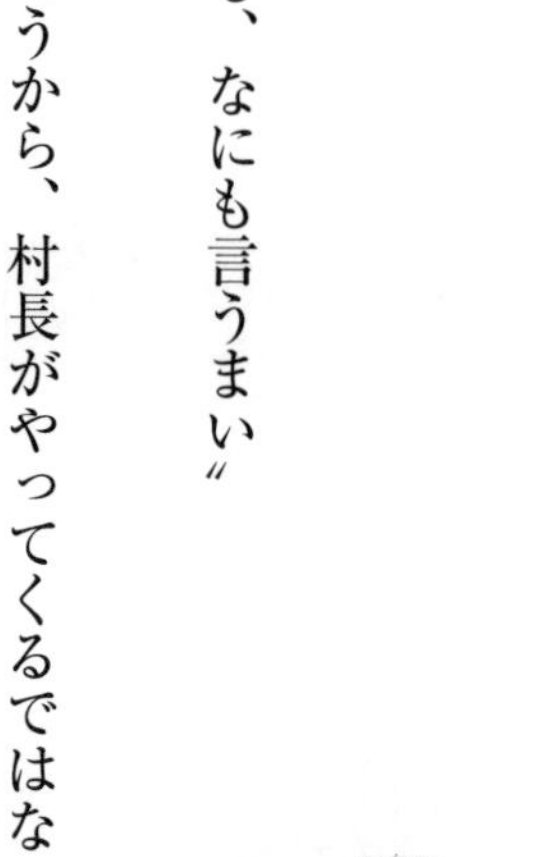

村長に、あいさつせぬわけにはゆかぬ。

そこでドン太、最初から断った。

「村長さん、おはようございます。実は朝からお願いですが、今日は、これ以上、なにも話さずにいってくだされ」

「私が、ものを言うのが悪いのかな」

「いや、別に、悪いというのではありませんが……」

と、一昨日はこんなことで、昨日はこうでと、大根まきができずに困っているワケを話して、了解を求めた。

それを聞いた村長さん、カラカラと笑ってこう言った。

「ドン太さん、そんな根も葉もないこと、言うもんじゃないよ」

〝根も葉もなかったら、大根じゃない〟と、またまた大根まきができなかったという。

ドン太を笑えぬ迷信の、いかに多いことか。

迷信を破らなければ、大根まきもできない。

本当の仕事ができる男

大王の権威もゴミかホコリ

アレキサンダー大王がいたとき、ディオゲネスという哲学者がいた。

大王は、世界制覇を狙《ねら》ったほどの男である。

ディオゲネスはタルをわが家として、あるときは街に現れ、あるときは里に出て、多くの人を善導した放浪哲学者であった。

大王は彼のことを聞いて感心し、ほうびを与えようと思って、彼を呼んだ。

「わしは大王に用事はない。用事のある者からきたらよかろう」

ディオゲネスは即座に断った。

そこで大王みずから、彼を訪ねていった。

「国の人々を善導してくれて、まことにありがたい。必ずかなえてとらすから、なんでも欲する物を申してみよ」

ちょうど、いい気持ちで日なたぼっこをしていたディオゲネスは、

「さしずめ、わしの欲することを言えば、おぬしがわしの前からのいてくれることじゃ。おぬしのような大きなズウタイで、太陽の光線をさえぎられては、かなわんよ」

と、きっぱり答えている。

四海にとどろくアレキサンダーの権威も、この男にかかっては、ゴミやホコリほどの値うちもない。

加賀《かが》百万石の大名が、一茶《いっさ》の令名をきいて、なにか一句、書いてもらってくるように申しつけた。家臣が短冊を持参してたのむと、一茶は硯《すずり》にツバを吐いて墨をすり、先の切れた筆で、こう書いている。

「なんのその、百万石も、笹《ささ》の露」

「金も名誉も地位も命もいらないやつほど、始末におえぬ者はない。しかし、そんな者でなければ本当の仕事はできぬ」
と言ったのは西郷隆盛であった。

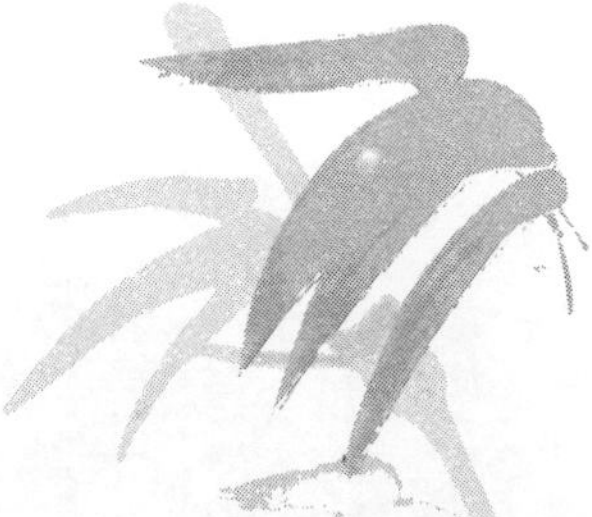

別《べっ》嬪《ぴん》も
笑顔忘れりゃ
五割びき

春む道人

41
光に　向かって

満点主義の秀才でなかったから、起死回生の勝利を生んだ

戦いで奇襲が、起死回生の勝利を生むことがある。

幼名・牛若丸。悲劇の武将として知られる源義経は、奇襲の名人といえよう。兄、頼朝の命を受け、摂津《せっつ》一ノ谷、讃岐《さぬき》の屋島、長門《ながと》の壇ノ浦に平家を追いこみ、ついに滅ぼした。

彼の戦歴を検証するとき、その無鉄砲さに、あきれかえる。

一ノ谷の合戦でも「兵法に、そんなむちゃはない」という軍師・梶原景時の諫《いさ》めも聞きいれず、ひよどり越えの逆落《さかお》としで、急な崖《がけ》を駆けおりて、平家の本陣を裏から攻めて潰走《かいそう》させている。

いくら誇張されているにしても、壇ノ浦の八艘飛《はっそうと》びなど、一軍の大将のすることではない。

奇襲は好機をとらえ、少数で敵の大軍に突入する。

沈着冷静な相手だと危険千万だが、成功すれば、びっくり仰天、戦わずして敵は逃げだしてしまうのである。

第二次大戦の勝敗を決したといわれるミッドウェー海戦で、日本の連合艦隊は、数、量ともにアメリカを圧倒していた。

何倍も強いはずの日本軍が、なぜアメリカに完敗したのか。

アメリカ指揮官の無鉄砲さに勝因があった、といえる。

日米の海戦では、アメリカの奇襲が、ことごとく勝利につながっているのである。

しかもだ。ミッドウェー海戦のニミッツ大将、サンゴ海海戦のフレッチャー少将、南太平洋海戦のハルゼー中将、マリアナ沖海戦のスプルーアンス大将、いずれも猛将ではあったが、智将《ちしょう》とは、ほど遠い。
スプルーアンスやハルゼーなどは、学校秀才からはバカあつかいされていたという。

日露戦争を大勝利で飾った東郷元帥も、開戦直前まで窓際族的な海軍中将で、軍事的エリートとは逆だった。
学校秀才でなかったからこそ〝敵前転回〟という、無謀とも思える戦術がとれた、ともいえよう。

満点主義で、いつもビクビクしている秀才は、奇襲戦の勝利に不向きのようである。

ヤセがまんではすまなくなる

良妻と悪妻

彼は、サラリーマンである。
ひそかに彼が見くだしていたBが、人事異動で、同期から、初めて課長に昇進した。
彼は、ショックを受けた。
だが彼は、Bにかけよって、
「おい、おめでとう。よかった、よかった」
と、肩をたたいて握手を求めた。
負けたくやしさを、無理にがまんして、まったく平気なように演技する。

さらに、おきざられ組は、当然のように集まってBの祝賀会を催す。お互いに、ヤセがまんしたことを、他人に知られたくないという思いは同じである。

屈辱を自覚するのが怖いのだ。ある線まででくいとめたい。男心は哀《かな》しいではないか。

くたくたに疲れた祝賀会の後にも、まだ彼らには難関が残っている。

家の玄関をあけると、奥さんが迎える。

「あら、また飲んできたのね」

「うん。Bが今日、課長になった」

「その祝賀会があったんですね」

だれとだれが昇進したのかと、奥さんが追及する。

「同期が先に課長になったっていうのに、よくも平気でいられるわね」

「そりゃ同期の全員が、同時に課長ってわけにはいかんさ」

「なら、あなたがなればいいでしょ」

「いやあ、Bは優秀だからね。適任だよ。さあて、風呂にでも入って、ねようか」

「意地もなにも、ありゃしないんだから」


ヤセがまんなしでは生きていけない、涙ぐましい男の胸の内が、まったくわかっていない。察しようともしない。

聡明《そうめい》な奥さんなら、それに気づいたうえで、そっとしておく。悪妻はもちろん、気づかない。見せかけを真にうけて突っかけていく。


男のコンプレックスに、妻が土足で踏みこんではならない。ヤセがまんでは、すまなくなろう。

43

光に向かって

みんな欲に殺される

あんな広大な土地はいらなかったのだ

昔、隣接する大国と小国があった。

人口が少なく広大な土地が遊休している大国にたいして、小国は、人口密度が高く狭小な土地を取りあいコセコセしていた。

大国の王様があるとき、小国の農民たちに触れを出した。

「オレの国へくる者には、土地をほしいだけ与えよう」

「王様、ほしいほどとおっしゃいますが、本当でございましょうか」

半信半疑でやってきた小国の農夫たちはたずねる。

「ウソは言わない。見わたすかぎりといっても区切りがつかないから、おまえたちが一日歩きまわってきた土地を与えることにしよう。ただ一つ条件がある。朝、太陽が昇ると同時に出発し、角々に標木を打ち、太陽の沈むまでに出発点にもどることだ。その間、歩こうが走ろうが、おまえたちの勝手だが、一刻でも遅れれば、一寸の土地も与えぬから注意せよ」

農夫たちは、その広大さを想像して胸おどらせた。

さっそく一人の男が申しでて翌朝、太陽とともに出発した。最初は歩いていたが次第に足が速まり、やがて小走りになり、本格的に走り始めた。歩くよりも走れば、それだけ自分の土地が広くなるという欲からである。

当然、標木を打って曲がらねばならぬ所にきていても、欲は、もっともっとと引きずった。太陽が中天に輝いて

いることに驚き、標木を打って左へ曲がって走った。昼食も走りながらすませる。午後は極度に疲れたが、服も靴も脱ぎ捨てて走った。もう夕日になっている。足は傷つき、血は流れ、心臓は今にも破裂しそうだ。しかし今倒れたら一切が水泡になる。彼は出発点の丘をめざして必死に走る。

そのかいあって、太陽の沈む直前に帰着したが、同時に彼はぶっ倒れ、後はピクリともしなかった。

王様は、家来に命じて半畳ほどの穴を掘らせ、農夫を埋めさせて、つぶやいたという。

「この農夫は、あんな広大な土地はいらなかったのだ。半畳の土地でよかったのに」

農夫だけではない。みんな欲に殺されるのだ。

「私も靴屋です」とビスマルク

貴賤を問わぬ温容

ドイツの鉄血宰相ビスマルクが、あるとき、買収した土地を見に、田舎へでかけた。

田舎は汽車が着くたび、今日はどんな人がくるかと、大勢の人が集まる。

少し変わった人物が下車すると、さっそく、村中うわさでにぎわう。

中でも物好きな村の靴屋は、人一倍好奇心の強い報告屋であった。

身長百八十センチ、体重百二十キロ、堂々たる体軀《たいく》のビスマルクがホームに下りたのを、見のがすはずがない。

ホームをでたビスマルクは、ベンチに腰かけ、葉巻をふかしはじめた。

今日はまた〝なんと豪傑男がきたものだ〟と興味深く見守っていた靴屋は、おそるおそる近寄って、なにか新しいネタを聞きだそうとする。

「失礼でございますが、ベルリンからおいでになった方でしょうか」

「そうです」

「ご立派な体格ですが、どんなご職業で」

「あなたは」

「私は田舎の貧乏靴屋です」

「私も靴屋です」

ビスマルクは無造作に応答していると、やがて制服制帽の交通官吏がやってきて、

「閣下、ただ今あちらに馬車の用意ができました」

いともうやうやしく言ったので、靴屋は仰天した。

閣下、靴屋、はてな？

「これはこれは、とんだ失礼をいたしました」

深く詫《わ》びる靴屋に、

「いやいや、もしベルリンへおいでのときは、どうぞ私の工場へきてください。ウィルヘルム街七十六番地です」

笑顔で告げて立ち去った。

まさかビスマルクとは、知るよしもない。

鉄血宰相といわれたビスマルクにも、貴賤《きせん》を問わず接する平民宰相の温容があったのである。

45
光に　向かって

さてこそ水は尽きたとみえる

元就はどうして相手の戦略の裏を見ぬいたのか

「一本の矢は折ることができるが、三本を束にすると折れない」

三人の息子たちに、こう訓戒したという毛利元就《もうりもとなり》は、戦国武将の中でも、とりわけ智略《ちりゃく》にたけていた。

二十一歳の初陣から七十五歳で没するまでの五十五年間、大小二百二十六回の合戦をしたという。平均して年四回、戦場に立った計算になる。

結果はどうであったか。所領、わずか七十五貫の小城主だった元就は、安芸《あき》・備後《びんご》（広島県）、周防《すおう》・長門《ながと》（山口県）、石見《いわみ》・出雲《いずも》（島根県）を制覇し、ついに中国全土を支配するにいたった。

石見の青屋友梅《あおやゆうばい》の城を攻めたときのことである。

元就は包囲して、城内の水が尽きるのをひたすら待っていた。

友梅もなかなかの智将《ちしょう》で、毛利軍に見える所へ馬を引きだし、米で馬を洗ってみせた。遠目には、それが水を使っているように見える。

老臣からさえ、作戦の変更を進言する者があったが、元就は、いっこうに耳をかそうとしない。

数日後、元就は、軍使として井上光親《いのうえみつちか》を城内へ送りこんだ。

光親を丁重にもてなした友梅は、

「私は馬が好きでしてなぁ。おなぐさみにお目にかけよう」

と言って馬を五、六頭引きだし、今度は本物の水を、たらいになみなみとたたえて、頭を冷やさせたり口を洗わせたりした。

期待はずれの表情の、光親の報告をきいた元就は、

「さてこそ水は尽きたとみえる」

と言って、いよいよ包囲を厳重にする。青屋友梅が降伏開城したのは、それから
まもなくのことであった。
相手の戦略の裏を見ぬく目を、元就は備えていた。
天性もあろうが、寝食忘れて一歩一歩堅実に、磨きあげた感覚にちがいない。
「寝ているうちも、心の休まることがなかった」
という晩年の元就の述懐からも、それはうかがえる。

ひとのゆく　ウラに道あり　花のやま

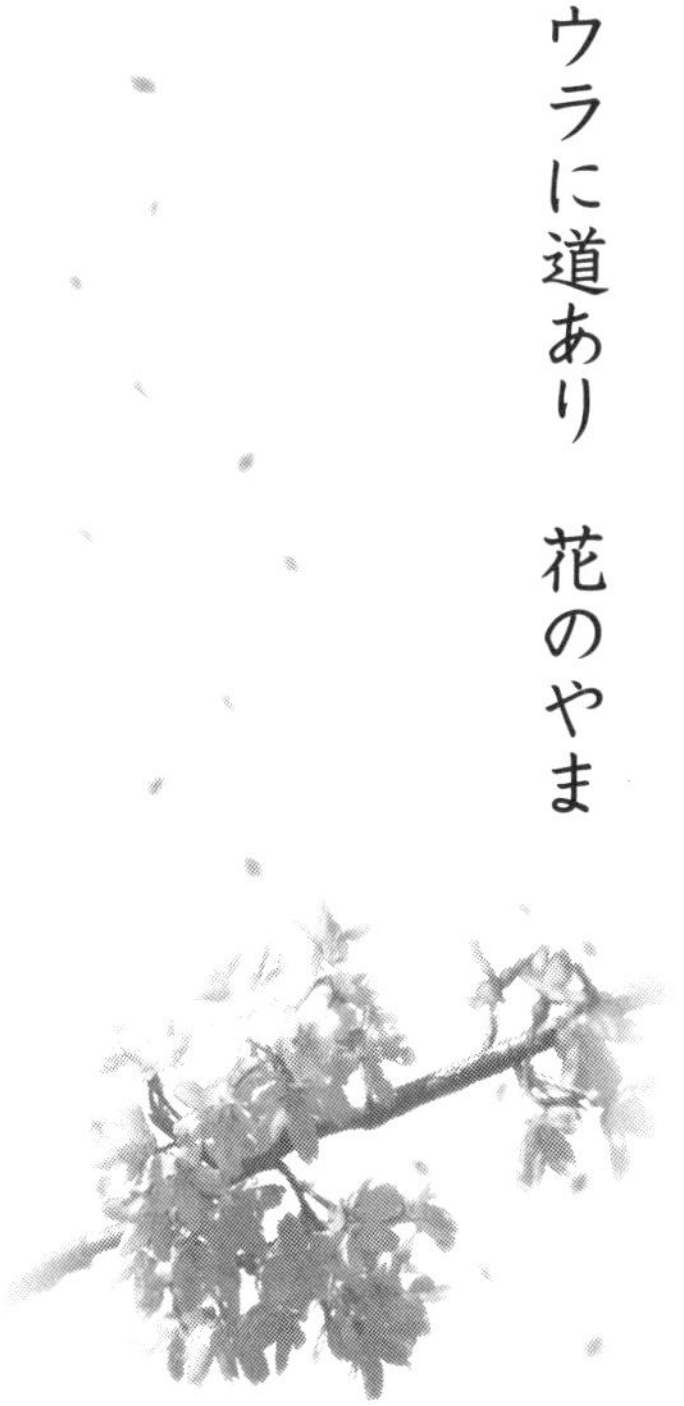

46

光に　向かって

一番好きな人を生命がけで育ててくださったお母さんが、一番好きです

あるところで、熱心に仏法を求めている娘を、嫁にもらった。

初夏の夜、雷で主人を失った姑《しゅうとめ》さんが、激しい稲妻と、天地にとどろく雷鳴に、ひとり蚊帳《かや》の中で恐れふるえていた。

かねてから雷ノイローゼの母親を案じて、二階からおりてきた嫁が、さっそく、蚊帳の中に入り、母親をしっかり抱きしめてなぐさめた。

「お母さん、蚊帳の中にいれば心配いりませんよ。雷は電気ですから、麻の蚊帳には通じません。死ねば一緒です」

なかなかもどらぬ妻を案じて、おりてきた息子が、母親を抱いている妻を見て感動した。

「おまえはあんなに、お母さんが好きかい」

部屋に帰って、夫の問いに妻は、

「あなたが世界中で一番好きです。一番好きな、そのあなたを、生命《いのち》がけで育ててくださったお母さんですから、一番好きです」

こんな嫁を迎える家は幸せなり。

こんな妻に恵まれた夫は幸せなり。

47

光に　向かって

二十四度殺された老婆

口は禍の門

丹波国《たんばのくに》（京都府）に、百二十歳をこえた老婆がいた。

ある人が、老婆を訪ねてきいた。

「長い一生にはどんなにか、珍しいことや、おもしろいことがあったでしょう。その思い出の一つをきかせてくださらんか」

老婆は、首を横にふりふり答えた。

「それは種々あったが、年寄ると頭がぼけて、みんな忘れてしもうた」

百二十歳にもなれば無理からぬこと、とは思いながらも、

「それでもなにか一つぐらい、思い出がおありにならんか」

再度、たずねた。

「そんなにまで言われれば、話そうか。二十四度殺された、つらい思い出だけは、あるわいな」

しわくちゃの顔をしかめて、老婆はつぶやくように言う。

現に生きている人が、二十四度殺されたとは、いったい、どんなことか、とたずねると、ポツリポツリと老婆は語り始めた。

「この年になるまで私は、たくさんの子供を産み、多くの孫ができ、ひ孫もできた。ところが老少不定《ろうしょうふじょう》のならいで、子供が先立ち、孫が死に、ひ孫が死んで、内より二十四人の葬式を出した。そのたびに、悔やみにくる人たちは、私の前では言わんが、隣の部屋で〝ここの婆さんとかわっておればよかったのに〟と言っているのが聞こえてくる。他人さまは、まだ遠慮して陰で言っとるが、孫やひ孫は面前で言いよる。そのたびに、私は殺されたんじゃ」

しみじみと、老婆は物語るのであった。

『口は禍《わざわい》の門』といわれるが、自覚のないところで我々は、どれだけの人を傷つけ殺していることか。三思三省させられることである。

バカ……だなぁ、私は

チエの回転

セールスマンが、ある家を訪ねた。

「あの、奥さんは、ご在宅でしょうか」

めんどうくさそうに玄関に現れた奥さんは、ツンとした顔で答える。

「なにか、ご用ですか」

「はぁ、奥さんはお留守でしょうか」

いよいよ、ごきげんななめとなった奥さん、ぶっきらぼうに言う。

「私が家内ですよ。なにかご用」

「えっ、あなたが奥さま」

ペコペコ頭をさげてセールスマンは、カタログを見せながら話しかける。

「まあ、そうでございましたか。失礼いたしました。

実は奥さまが、あまりにお若く、お美しくいらっしゃるんで私、てっきりお嬢さまだとばかり、かんちがいしたものですから、なんとも申し訳ございません」

うぬぼれ強い人間は、ミエミエのおじょうずにでも、いちコロだ。

この一言で子供のように、ガラリと態度は大変わり。

「おほ……まあ、お口のうまいこと。そしてそれはなんですの？　なにかいるものあるかしら、一度見せてちょうだい」

小雨のち晴というところだ。

たくみに女性心理の機微をとらえた、セールスマンのチエの勝利であろう。


人生には、次のような機転も大切だ。

店長にある晩、廊下の曲がり角でドンとぶつかってきた者がいる。

店員の失敗を叱《しか》るいつものクセで、〝ばか〟と、どなってから気がついた。

社長ではないか。

あわてて口へ手をやり、

「……だなぁ、私は。社長お休みなさいませ」

と、ふかぶかと頭を下げた。

「ああ、店長か」

店長の機転に社長も、怒るに怒られず、ニガ笑いして通りすぎたという。

人を、ばか呼ばわりすることは、つつしまねばならないが、とっさのときでも、これくらいの、頭の回転がほしいものである。

49
光に向かって

なぜ、子供が返事をしないのか

姿にかけた教育

ある大学教授の、しみじみ語ったことである。

「私に五歳になる男の子がいる。半年ぐらい前までは、だれが呼んでも元気よく〝ハイ〟と返事をした。

ところがどうしたことか。このごろ、とんとしなくなったのである。

よく考えてみると原因が、どうも私自身にあったらしい。

仕事に忙殺されて、妻が呼んでも、つい黙って仕事を続けることが、たびたびあった。

それを見ならって子供は、返事をしなくなったようである。

新版 光に向かって
100の花束

本書をお買い上げいただきまして、ありがとうございました。
以下のアンケートにご協力をお願いいたします。
もれなく記念品をお送りいたします。
※ご本人が特定されない形で広告等に利用させていただくことがあります。

(1) 本書を、いつ、どこで購入されましたか
（　　月　　日）（ご購入書店名　　　　　　　　　　　）

(2) 本書を、どのようにお知りになりましたか　（複数回答可）
1．新聞広告（　　　　新聞）　2．雑誌の広告（雑誌名　　　　　）
3．テレビ・ラジオで（　　　　）　4．書店で見て
5．知人にすすめられて　6．その他の広告（　　　　　）

(3) 購入された動機をお聞かせください　（複数回答可）
1．表紙のデザインがよかったから　2．書名が気に入って
3．著者名で　4．出版社名で　5．本の内容にひかれて
6．中の編集・デザインにひかれて

(4) 本書についての感想をお聞かせください

（　　　　　　　　　　　　　　　　　　　　　　　　）

(5) 最近、お読みになった本の題名をお書きください
〔　　　　〕〔　　　　〕〔　　　　〕

郵　便　は　が　き

料金受取人払郵便

神田局承認

3035

差出有効期間
令和８年４月
16日まで

切手を貼らずに
お出しください

101-8796

513

（受取人）
東京都千代田区神田小川町
2-4-20　第三大図ビル5F
(株) 1万年堂出版

『新版
光に向かって100の花束』
愛読者アンケート係　行

ふりがな		年齢	性別
お名前	様	歳	男・女
ご住所	□□□-□□□□　都道府県　区市郡		
電話番号	（　　）		
ご職業			
Eメールアドレス			

こちらのハガキか、右のQRコードから、アンケートにお答えください。

※ご記入いただいた個人情報は、弊社からの郵送・Eメール等による
ご案内、記念品の発送以外には使用いたしません。

そこで私は、なんとかこれを矯正せねばならぬと、いろいろ試みたが、さっぱり効果が現れない。

最後にそして気がついた。私自身がまず、だれかから呼ばれたとき、はっきり返事をするのが一番と。

するとどうだろう。いつとはなしに子供は〝ハイ〟と快活に答えるようになったではないか。ふたたびこうして、家の中に明るさを取りもどすことができたのである」

何十年も前に大学を卒業し、せっせと働いてきた父親が、いまだにキュウキュウいっている。

それなのに、なぜ、

「勉強しなさい勉強しなさい。ぜひ、大学に合格してちょうだい。

それが両親の唯一の望みなんですからお願い。勉強してね。ベンキョオー」などと、狂ったように言うのだろうか。

子供には、さっぱりわからない。

父で実験ずみのはずなのに、そのたよりない大学へ、苦しい思いをしてまで入学し、やっと卒業できたとしても、

〝働きづめに働いている父親以上の働きが、自分にできるとは思えない。生きてゆく能力が、自分にはないのではなかろうか〟

親の姿に自信喪失し、不安と心配からビクビクソワソワ、ノイローゼになり、自殺したりもするのである。

姿にかけてこそ、真の教育。

50
光に向かって

殿さまの命令に従わなかった船頭

真のプロ

鍋島加賀守《なべしまかがのかみ》が江戸に参勤のため、瀬戸内海を船で走り、その日のうちに大阪に着こうと予定していた。

ところが船頭が、一点の曇りも風もないのに、急に叫んで舟子に帆をまかせ、舟を高砂《たかさご》の入り江に着けようと騒いでいる。

加賀守は数度往来して、西国の海上には慣れていた。

「これはいったい、どうしたことか」

船頭を呼びつけ、きびしく詰問した。

「まことに申し訳ありませんが、天候が急変しそうで油断ができませぬ。殿に万一のことがあればと思いまして、出航を見あわせました」

「ばか者、この天気を見ろ。うつけ者めが。こんなときに嵐《あらし》がおこるはずがあるか。かまわぬから、ただちに船を出せい」

きつい下知に黙って引きさがったが、船頭は、いよいよ高砂の浜に船を急がせた。

「おのれ余の命令にさからう気か。もし天候が変わらなかったら、そちの首をはねるから覚悟しておれ」

「承知いたしました。もし天候の激変がなければ、殿には、これほどのおめでたいことはありません。私めは切腹いたしまする」

きっぱりと、船頭は答えた。

それから一刻とたたぬうちに、一天にわかにかき曇り、烈風忽然《れっぷうこつぜん》と吹ききたり、波浪奔騰したが、船頭は舟子たちを励まして、ようやく九死に一生をえて、ことなきをえた。

大役を終えた船頭は、十四歳になるわが子を前に諭した。

「船頭がいったん舵《かじ》を握れば、何人の指図も受けてはならぬ。たとえ身命を失うとも、己の信念どおりに船をあやつるのが船頭じゃ。今日のことを、よくよく忘れるでないぞ」

加賀守は、いたく感嘆し称賛した。


いかなる権威や恫喝《どうかつ》にも屈せず、己《おの》が信念を貫く者こそ、その道のプロである。真のプロでなければ、大事を成し遂げることはできない。

51
光に　向かって

逃げ場がないから必死に戦う

数千の韓信軍、二十万を破る

中国の天才的名将・韓信《かんしん》が紀元前二百四年、黄河の守りを突破して、魏王《ぎおう》と代の宰相・夏説《かえつ》を生けどりにし、連戦連勝、破竹の勢いで趙国《ちょうこく》に進撃した。

「いかに韓信の兵が強くとも数千にすぎない。しかも本国を離れること千里の遠征で、極度に疲労している。正々堂々、一撃で勝ってみせる」

と豪語する趙の将軍・成安君陳余《せいあんくんちんよ》は、二十万の大軍をもって、これを迎撃する。

実情はそのとおりであったが、韓信が用兵の天才であることを見逃したのが、彼一代の不覚であった。

韓信は兵を河向こうに進めて、世に有名な、背水の陣を布《し》く。

これを望見した趙の将兵は、その原則はずれの配備を嘲笑《ちょうしょう》した。

河川の付近で防勢をとるには、河川を敵の威力をそぐ障害にするために、後方に陣を構えるのが常道だからである。

ここぞと全力あげて攻撃に出た趙軍は、後ろに大河をひかえて逃げることのできない韓信軍の、必死の抵抗に苦戦して、ひとまず引きかえそうとしたところを、前後から挟撃されて、たちまち崩壊した。

将軍の成安君陳余は斬殺《ざんさつ》され、趙の歇王《あつおう》はとらえられた。

後日、なぜ原則はずれの背水の陣をとったのか、の問いに韓信はこう説いた。

「なるほど水を背にして陣をするのは、みずからの退路を絶ち、最も危険な態勢ではあるが、それだけ必死になる。正規軍のほとんどを本国に引きあげられたわが軍の主力は、占領地で徴集した新兵ばかりで、残念ながら烏合《うごう》の衆《しゅう》であった。後ろに河がなければ、みな逃げてしまうであろう。背水の陣を布かざるをえなかったのである。彼らは逃げ場がないから必死に戦い、とても勝てないとみえた趙の大軍を、潰滅《かいめつ》させることができたのである」

なみいる将星は感服した。決死は、すべての道を開くのである。

カメなりと
たゆまなければ
ウサギ超ゆ

ニセモノのチャーチルを見わけよ

使命に忠実

かの有名な、ＵＳスチール社の社長、シュワッブが、ある日、ひとりで社の、自分の部屋までいってこなければならぬ急用ができた。

会社の正門へさしかかると、門衛の男がはばんだ。

「時間外ですから、どなたさまも、お入れすることはできません」

「おれは、社長のシュワッブだ」

「社長さんのお顔を存じませんので、失礼ですが、あなたが社長である証拠をお見せくださいませんと、お入りいただくわけにはゆきません」

しかたなくシュワッブは、身分証明書を提示して、ようやく用をすませた。

翌日、その門衛が社長室に呼ばれた。

どんな厳罰かと、覚悟していくと、社長みずから彼に、社員登用の辞令を渡したという。


チャーチルが首相のころ、ひどく急ぐ用事で車を走らせていると、交差点で赤信号が出た。

横からくる車が少ないので、チャーチルは〝かまわぬ、突っ切れ〟と運転手に命じた。

信号無視をやりかけたトタン、警官が飛び出してきた。

「その車、さがれ」

「急ぐのだ。わしはチャーチルだ」

すると警官は、チャーチルの顔を、じっと見て、

「チャーチル首相が交通違反をするはずはない。察するにニセモノであろう。さ

がれ、さがれ」

ギャフンとまいったチャーチル。

「わかった、わかった。わしは、たしかにニセモノだ」

と、車をバックさせたという。

後日、チャーチルが警察幹部を通じて、この警官を昇進させようとすると、

「この昇進には理由がない」

と、その警官は辞退した。

チャーチルは、そのとき、こう言っている。

「理由はある。君は、ニセモノのチャーチルを見わける眼力を備えている。さだめて犯人を見破るのもうまかろう。これは鑑識力にたいする昇進だ」

迷うことなく自分の道を進んでゆくということは、なかなかに難しい

ある晩、ネズミが桶《おけ》の中に落ちた。とびあがって出ようと、最初は、おおいに努力したが、桶が深くてとても無理だった。

そこで今度は、桶の側《がわ》を食い破って出ようとかじり始めた。

しばらくやっても、どうも側の木が厚くて硬くて食い破れそうもない。

あわてたネズミは、場所をかえて、またかじる。

ところが、やっぱりだめだった。そこでその場所をあきらめて、また次の場所に移った。しかし、ぶ厚い木は、なかなか、食い破れそうもなかった。

さんざんに、報われることのない努力をしたネズミは、とうとう明け方近く、心身ともに疲れはてて、むなしく死んでいった。

はじめ、かじり始めた箇所を、最後までかじり続けておれば、桶の側の板に、通りぬける穴ができたものを。

世間には、このネズミを笑えない人が多い。

一つのことに失敗して、また他のことに失敗し、転々と自分の仕事をかえてゆく人は、薄志弱行といわれる。

もっとも、人間というものは強いものではない。

迷うことなく自分の道に進んでゆくということは、なかなかに難しい。

固い意志と、たゆまぬ努力が必要だ。

迷えば迷うほど努力がむだになると知ったら、最初に熟慮して決断し、断固努力で突きぬけるがよい。

入り口のほうは、とても入る余地のないようにこんでいる満員電車でも、奥へ入ってゆけば案外すいているものだ。

入り口がふさがっているからといって、断じて絶望してはならない。

西洋の、ことわざにあるではないか。

『転がる石には、苔《こけ》が生えぬ』

54
光に 向かって

賢者は何人からも学びとる

敵将の献策をもちいた韓信

かの背水の陣で有名な中国の名将・韓信《かんしん》は、二カ月の短期間で山西省の魏《ぎ》と代、河北省の趙《ちょう》、燕《えん》の諸国を制圧するという、驚嘆すべき戦果をあげている。

背水の陣は、その戦歴の一つであるが、時には敗軍の将を優遇して、戦わずして勝利をおさめたこともある。

十倍近い趙の大軍を破った韓信は、勢いに乗じて長駆し、燕を攻めようとしたとき、とらえた趙の軍師・広武君李左車《こうぶくんりさしゃ》の縛を解き、礼を正して計を問うた。

かねて彼の見識を高く評価していたからである。

「敗軍の将、兵を語るべからず」

と、最初は固辞していた李左車も、韓信みずから再三教えをこうので、ついに口を開いた。

「将軍は黄河の渡河攻撃に成功されて以来、魏、代に進撃して連戦連勝、今また、わが趙の大軍を破って王と私をとらえ、威名は天下にとどろいています。しかし将兵の実情は、遠く国を離れて連戦し、みな疲れはてており、戦力は非常に低下しております。もし将軍が今、この疲労した兵を燕の堅城にぶつけられても、戦

いは長びくばかりで、城は抜けないでしょう。そうなれば大目的も達成できないばかりか、将軍自身があやうくなります」

と諫《いさ》めた後、こう進言した。

「将軍はまず兵を休めて、十分戦力を回復させた後、国境に軍を派遣し、簡単な手紙を燕に与えて威圧すれば、将軍の今までの大勝におびえている燕が、言うことをきかないはずがありません。燕が従ったら、雄弁の士を斉国《せいこく》に派遣すれば、斉もまた服するでしょう。やがて天下を意のままにすることができます」

韓信は、この献策を採用し、その月のうちに、戦わずして燕を征服したのである。

愚者は何人からも学ばず、
賢者は何人からも学びとるのである。

55
光に 向かって

工夫とねばりが大切。何事も早く見切りをつけてはならない

京都の大橋宗桂《おおはしそうけい》は、生来、将棋に堪能《たんのう》だった。

江戸に下って、将軍家の御前で、本因坊算砂《ほんいんぼうさんさ》を撃ち破り、当代一の栄冠を勝ちとったときのことである。

一手また一手、指し進むうちに、次々とくりだす算砂の妙手に、宗桂の敗色は、だれの目にも歴然と思われた。

〝いつ宗桂が駒《こま》を投げるか〟

家康も、かたずをのんで見守っている。

宗桂はしかし、そのまま、じっと考えに沈んでしまった。

一刻、二刻たっても、まだ彼は、黙然と腕組みをして動かない。

退屈になって家康は、一時席を立ち、入浴などして帰ってみても、いぜんとして宗桂は不動だった。

「あとは明日、指しついだらよかろう」

たまりかねた家康は、こう命じて、立ちあがろうとする。

「おそれながら、いましばらく」

盤面を注視したまま宗桂は、泰然と引きとめた。

やがてそしてスラスラと、三十手ほど指し進めた絶妙手に、さすがの本因坊算砂も、無念の涙をのまざるをえなかったのである。

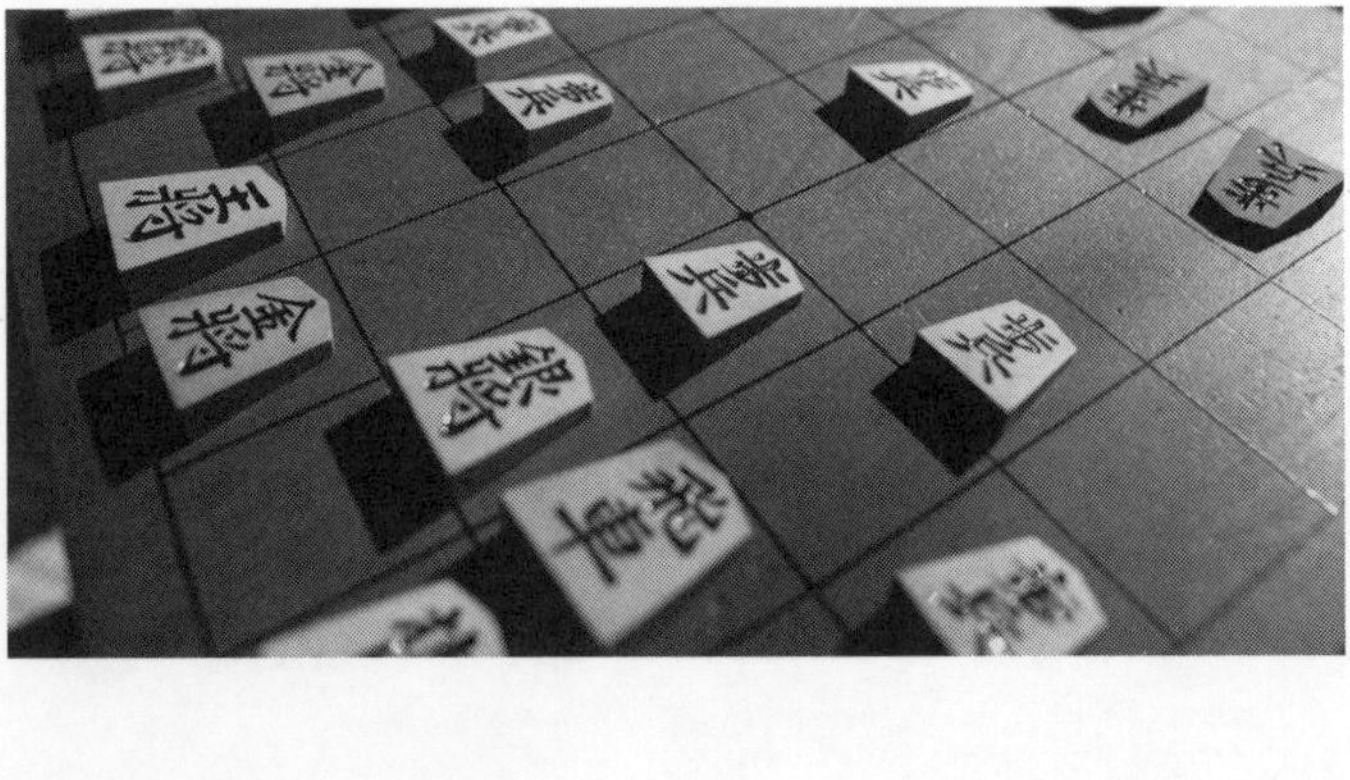

「天下のことも同じことと。何事も早く、見切りをつけてはならぬということだ。工夫とねばりの大切さ。よいことを教えてくれたぞ」

感嘆した家康は、こう宗桂を称賛し、五十石五人扶持《ぶち》を与え、幕府の将棋所をつかさどらせている。

「もう一息が乗りきれず、立派な仕事をメチャメチャにする者が、いかに多いことか」

アメリカの鉄道王、ハリマンも嘆いている。

一塊の石炭も、永年地中に辛抱したればこそ、ついにダイヤモンドと輝くのだ。いわんや人生究極の、本懐成就をもくろむ者に、二、三十年の辛抱がなんだろう。

何事にしろ、真の栄光を獲得するには、永年の工夫と、執念と忍耐が、必須条《ひっすじょう》件《けん》なのである。

推薦状などにたよるな！
なにものにも勝る
紹介状を身につけよ！

世界に名高いニューヨークのウールウォース商会が、監督一名を募集した。応募した希望者には、立派な推薦状をたずさえた者が多い。ところが採用されたのは、なんの学歴もない、紹介状も持たなかった一青年である。

採択理由に、こう記されてあった。

「彼は一葉の紹介状も持参しなかったが、実に多くの、明白な紹介状をたずさえていた。彼は部屋に入るとき、まず足のちりを払い、入室すると静かに扉を閉じた。注意深い性格がうかがえる。席に着こうとしたとき、彼は、身体《からだ》の不自由な老人のいるのを見て、すぐに席をゆずった。親切でやさしい人格が知られる。部屋に入るや、まず帽子をとって一礼し、はきはきと我々の質問に答えた。丁寧で礼儀正しいことがわかる。彼はまた、少しも先を争うことなく、己の番のくるのを規律正しく待っていた。その服装はお粗末だったが清潔で、髪はきれいにととのえられ、歯は乳のように白かった。署名した彼の爪《つめ》の先には、少しのあかも見ることはできなかった。これこそは、なにものにも勝る紹介状ではあるまいか」

社会は有為の青年を望んでいる。

高校、大学は林立し、知的教育は急進しているかもしれないが、徳育はかえって退歩しているのではなかろうか。

ウールウォース商会幹部が見ぬいた、なにものにも勝る紹介状を身につけたものこそ、社会国家を浄化することができるのであろう。

目先に一喜一憂しては、遠大な未来を見とおせない

イタリア、オーストリアと戦い、連勝のナポレオンが凱旋《がいせん》した。

イルミネーションや旗行列、たいまつや鐘、祝砲など、国民の慶賀は、その極に達する。

部下の一人が、うやうやしく祝辞をのべた。

「閣下、このような盛大な歓迎を受けられ、さぞ、ご満悦でありましょう」

意外にもそのとき、ナポレオンは、冷然と、こう言っている。

「ばかを申すな。表面だけの騒ぎを喜んでいたら大間違いだ。彼らは、少しでも

情勢が変われば、またおれを〝断頭台に送れ〟と言って、やはり、このように騒ぐだろう。雷同の大衆の歓迎など、あてになるものか」

幕末の剣客で名高い千葉周作が、ある晩、二、三の門弟を連れて、品川へ魚つりに出かけた。

松明《たいまつ》を照らして、沖へ沖へと魚を求めてゆくうちに、方角を見失ってしまった。どちらが陸か。

さすがの周作先生も、ろうばいして、多くの松明をどんどん燃やさせ、四方をうかがうが、まったく見当がつかない。

あせりながら海上を、さまよううちに、たよりの松明が尽きた。

いよいよこれまでかと観念した。ところが、よくぞ言ったもの。

〝窮すれば転ず、転ずれば通ず〟あたりが真っ暗になるにつれ、闇《やみ》の中にくっきりと、濃い陸地の影が見えてきたではないか。

一同、歓呼の声をあげた。

後日、周作が、その体験を知人の漁夫に話すと、ニコニコしながら、こう言ったという。

「先生らしくもないことです。松明で陸は見えませぬ。松明は足元を照らすもの。遠いほうを見るときは、かえって、その光がじゃまします。そんなとき私たちは、ワザと松明を消すのです」

松明にたよっている間は、遠い陸地が見えないのだ。

目先に一喜一憂していては、
遠大な未来を見とおすことは
できないのである。

58
光に　向かって

ヤシの木の下で昼寝をすると、幸福になれるのか？

楽園にいたカロザース

女と靴下、それは戦後、強くなったものの代表とされている。

靴下を、かくまでも強いものにした革命的繊維、ナイロンを発明したのは、アメリカのカロザースである。

勤め先のデュポン社は、この天才化学者に、万人垂涎《ばんにんすいぜん》の約束をしていたそうだ。

「生涯どこへ海外旅行をしようが、どんな高級レストランやバーで飲食しようが、費用の一切は会社が持つ」

というのである。

デュポン社としては、この天才技術者を、他社に引きぬかれたりしたら、たいへんだと考えたにちがいない。

もし、カロザースの、ごきげんを損じて、ナイロンの秘法を、どこかの会社にもらされたりしたら、元も子もなくなる。

彼の一生の遊び代ぐらい保証しても、いたって安いものと考えたのだろう。

ところが、天国の楽園にいるみたいな、そのカロザースが、四十一歳という若い身で自殺してしまったのである。


ここで、人間の幸福とはなにか、を考える一つの小話を紹介しよう。

所はある南の国。登場人物はアメリカ人と現地人。

ヤシの木の下で、いつも昼寝をしている男をつかまえて、アメリカ人が説教する。

「なまけていずに、働いて金をもうけたらどうだ」

男がジロリと見あげて言う。

「金をもうけて、どうするのだ」

「銀行に預けてふやせば、大きな金になる」

「大きな金ができたら、どうする」

「立派な家を建て、もっと金ができれば、暖かい所に別荘でも持つか」

「別荘を持って、どうするのだ」

「別荘の庭のヤシの下で、昼寝でもするよ」

「オレはもう前から、ヤシの下で昼寝をしている」

このアメリカ人を全人類におきかえてもよいだろう。

こんな幸福論の破綻《はたん》を、カロザースは、マザマザと見せているようである。

59
光に　向かって

これへ、その下肥とやらをかけてまいれ、とバカ殿

偶像崇拝

江戸時代、父母を同時に惨殺する事件があった。

子が親を殺すほどの重罪はない。

奉行たちは無類の凶悪犯罪者に、いかなる処罰を科すべきか、議論百出したが、評議はいっこうにまとまらない。

そこで、

「かかる極悪人は、どんな極刑に処すべきか」

裁決を殿さまにあおいだ。

考えていた殿さまは、やがてこう言った。

「東海道五十三次を、カゴに乗せてブラブラ歩いてやれ。それが一番つらい」

また、ある殿さま。城下で白菜の漬物を食べた。

それがたいそう美味で忘れられない。

城へ帰ってさっそく、白菜の漬物を所望した。

やがて運ばれた白菜を待ちかねて、ほおばった殿さま。これはなんじゃ、なんともまずい。そこで賄い方を呼んで苦情タラタラ。

「これが城下で食べたあの白菜と、同じものとは、とても思えぬ」

「おそれながら申し上げます。下々で用いまする白菜は下肥を使っております。殿の白菜は、それを使ってはおりませぬ。そのゆえかと存じます」

賄い方が弁明すると、殿さまは、漬物の皿をズーッと前へ突き出して厳命した。

「これへ、その下肥とやらをかけてまいれ」

偶像を崇拝させられる大衆は悲劇である。

己を変えれば、夫も妻も子供もみな変わる

禅僧・盤珪《ばんけい》が雲水《うんすい》のころである。

毎夜、千住《せんじゅ》の磔柱《はりつけばしら》のもとにいって座禅をしていた。

ある朝、座をたち、近くの馬場の土手で休んでいると、一人の立派な武士が、馬のけいこにやってきた。

それとなく見ていると、どうやら馬のごきげんが悪く、武士の思うようにならぬらしい。

どなりながら武士は、しきりに馬を責めている。

それをみた盤珪。

「なんのざまだ！」

と大喝した。

それを耳にもかけぬふうに武士は、ますます馬に鞭《むち》をあてる。

「ええ、なんのざまだ！」

二度三度の大声に、ようやくふりかえった武士は、馬から飛び下り、静かに盤珪に近づいてきた。

「貴僧は先ほどから、どうやら拙者を叱《しか》っておられるようだが、教えることあらば、承りとう存ずる」

すこぶる言葉は丁寧だが、返答次第によっては、の気迫がありありとうかがえる。

毅然《きぜん》とそのとき、こう盤珪は諭した。

「馬がいうことをきかぬといって、馬ばかりを責めるのは、いたって愚かなこと。馬にも馬の事情があるはず。

馬にいうことをきかそうと思うなら、馬がいうことをきくように、しむけてやらなくてはならぬ。
まず、自分を改めることが一番じゃ。おわかりかな」
謙虚で賢明な武士であったのだろう。
深くうなずき一礼して退き、態度を改め、ふたたび馬上の人となった。
ところがどうだろう。
馬が変わったように、騎手の命ずるままになったではないか。

私がこうなるのは、夫が、妻が、子供が悪いからだと、他人ばかりを責めている間は、真の平和は訪れない。

まず自分を反省し、己の姿勢を正すことが肝要。

己を変えれば、夫も妻も子供も、みな変わる。
家庭も明転すること、うけあいだ。

施した恩は思ってはならぬ。受けた恩は忘れてはならない

シラーの名作、ヴィルヘルム・テルの芝居に、こういう場面がある。

テルがある山陰で、仇敵《きゅうてき》の間柄である悪代官の危ないところを救助する。

帰宅してそれを、得意そうにテルは妻に話した。

「あの代官も今日からは、おれの恩に感じて態度を改めるだろう」

ところが妻は、

「それはとんでもないこと。これからいっそう、彼はあなたを、けむたく思い、反感をつのらせるでしょう」

と、忠告するのである。

親切の貸方勘定を、こっちばかり得意になって、勝手な胸算用している間に、先方は、返しきれない借方勘定に業腹《ごうはら》を立て、かえって、こちらに反感を抱くことはよくあることだ。

金を貸してもらいながら、ともすると債権者を恨みがちになるのは、債務者気質の常である。

だからといって、親切無用ということではもちろんない。

善因善果、悪因悪果、自因自果は宇宙の真理。

善果は善い因《たね》まかねば現れないが、その心がけが問題なのである。

舌切雀《したきりすずめ》のじいさんは、かわいさ一心で探し求めた雀だから、会っただけで満足し、ほかになんの要求もなかった。

おじいさんの慈悲に感応して雀は、大小のつづらを、みやげに差しだすが、老《おい》の身を考え、じいさんは、軽いつづらを選んで持ち帰る。

中は金銀財宝で満ちていた。

一方、〝私が養《やしの》うてやったのだ〟と思って出かけた、ばあさんの目的は、雀をなぐさめることではなく宝物である。

だから出された大小のつゞらでも、無理しても、大きな重いほうを選んで帰ってくる。

そこには、不純な心が、化け物となっているのである。

お互いに求める心がなくして、人に尽くすことができたら、どんなに楽しいことだろう。


施した恩は思ってはならぬ。

受けた恩は忘れてはならない。

この娘を美しくないという者があれば、金子千両を出してやろう

美人の必須条件

昔、インドに、摩訶密《まかみつ》という富豪がいた。

その娘は絶世の美女と、もてはやされるだけあって、見るからに美しかった。

摩訶密も、この美貌《びぼう》の娘が、なによりのご自慢で、いつも娘を同伴し、

「この娘を、美しくないという者があれば、金子千両を出してやろう」

とまで放言する始末。

摩訶密が誇るように、実際、娘の顔や姿態が美しかったので、男といわず、女といわず、ひとめぼれせぬ者はいなかった。

得意な摩訶密は、とほうもないことを、そこで考える。

「おれの娘は、だれに見せても感心せぬものはいない。ひとつ、出家の釈迦《しゃか》に見せてやりたいものだ」

摩訶密は娘を同伴して、お釈迦さまの所へ出かけていった。

娘をごらんになったお釈迦さまは、静かにこう仰せになっている。

「この女を私は、少しも美しいとは思わない。なるほど、容貌《ようぼう》は、いかにも美しい。しかし人間には、もっともっと美しいものがある。それは心の美しさだ。心の端正こそ真実の美である」

容貌が美しくなりたいというのが、すべての女性の念願だろう。けれども真の美しさは、顔や姿態にあるのではない。

釈迦の仰せられるとおり、まことに人の美しさは、その人の心にある。秋空のようにすみきった清浄な心こそ、まことの美人の必須条件《ひっすじょうけん》であり、男女を問わず養うべきは、心の美である。

さすがの富豪も、さとるところがあったという。

63
光に　向かって

富んでも、昔の貧しさを忘れ、おごるなかれ

岩崎弥太郎とその母

明治前期の大実業家・岩崎弥太郎《いわさきやたろう》は、剛直果断の性格で、明治時代の代表的富豪であった。

ところがどうしたことか、常に藁草履《わらぞうり》をはいたまま、大臣の官邸などに出かけた。不審に思った人がたずねると、

「母の言いつけだ」

と答えた。

岩崎弥太郎の母は、わが子が天下の富豪になってからも、常に藁草履を作ってはいていた。

そして弥太郎にも、

「おまえも、これをはきなさい」

と言って、

「富んでも、昔の貧しさを忘れて、おごってはなりませんよ」

と教訓したという。


ある人が、アメリカの大実業家のところへ、救済事業の寄付をたのみにいった。

実業家は、そのとき、

「ほんのわずかばかり使えばすむものを、なぜこんなにたくさん使ったのだ」

と、使用人を叱《しか》っている。

なにをそんなに、叱られるほど使ったのかと、よくよく聞けば糊《のり》であった。

たかが糊ぐらいのことで、あんなにケチケチしているのだから、寄付などは思いもよらぬことと思いながらも、せっかくきたのだからと用件を話すと、即座に、五百ドルの大金を、快く寄付してくれた。

ことの意外に、びっくりしてたずねると、

「私は平生、少しの糊でも無駄にせぬように心がけている。だから寄付もできるのです」

と、答えたという。

物を粗末にする者は、物から嫌われるから、不自由しなければならないのだ。

すべては人生の目的を果たすためのものなのだから、わずかの物でも粗末にしてはならない。

64
光に向かって

人を身なりで判断はできない

一休と門番

かの禅僧・一休が、京都の富豪から法要の招待をうけていた。

前日に、たまたま前を通ったので、ちょっと立ち寄ると、一休の顔を知らない門番は、こわい顔してどなりつけた。

「これこれ乞食坊主《こじきぼうず》、物がほしいならウラから入れ」

「いやいやオレはちょっと、この家の主人に会いたいのだ」

「バカなことを言うな。おまえのような乞食に、この大家のご主人が会われると思うのか」

みすぼらしい身なりから、てっきり乞食坊主と思っている。

「おまえは門番だろう。客人を案内するのが役目ではないか。面会したい者がいると告げたらよい」

「なにを、なまいきなことをぬかすやつ」

激昂《げっこう》した門番に、たたきだされた一休。翌日、紫の法衣を身にまとい、お弟子を連れて門前に立つと、昨日の門番も、神妙に頭をさげて迎えている。

「ご主人、昨日は、たいへんご馳走《ちそう》になってのう」

奥座敷に通された一休は、ニヤリと言う。

「へえ、昨日、お立ち寄りくださいましたか」

「ちょっと用件があってのう。主人に会いたいと言ったら、乞食坊主にご主人が会われるかって、追いだされましてなあ」

「それはそれは、知らなかったとはいえ、ご無礼いたしました。どうしてまた、そのとき、あなたさまのお名前を、おっしゃってくださらなかったのでしょう」

平身低頭する主人に、紫の法衣を脱ぎすてた一休。

「この一休には、なんの価値もない。紫の法衣に価値があるのだから、この法衣に、お経を読んでもらったらよかろう」

法衣を置いてサッサと帰っていったという。

人は、決して身なりで判断してはならない。
身なりなんかで、人間の価値がわかるものではないのだから。

猫よりも恩知らずは、だれだ

腹立てぬ秘訣

過去世にどんな因縁があったのか、生来私は、犬や猫が好きである。

あれは何代目の猫であったろうか。

きれいでりこうな三毛猫で、マルと呼んでいた。

出かけるときは、いつも送ってくれるし、帰宅のときは足音で、玄関に迎えてくれる。

とくに私は、この猫をかわいがっていた。

ところが講演から帰った寒い日の夕方、玄関には、いつものようにマルの姿が見られない。

案じながら家へ入ると、こたつの上で丸くなっている。

私の声をきいても、いっこうに動かない。

「今日は朝から、こたつから離れないのですよ」

と家族が言う。

〃またやられたか〃

とっさに私は心配になってきた。

過去に何匹か、ネコイラズかなにかの毒物を食べてきて、終日苦しみ、血を吐いて死んだ。

私はそのつど、懸命にみてやり、悲しんだことがあったからである。

着替えもせずに私は、マルの大好物のニボシをつまんで、鼻先へ持っていった。

なにか毒物を食べていれば、どんな好物にも見むきもしない。

ところがどうか。

ウウ……と一声うなったと思うや、ガ、ブリ、ときたのだ。

同時に、あの鋭い牙《きば》が、私の指先を、グサリ貫いた。

あっという間の出来事である。

噴き出す鮮血を見たとたん、全身の血液が頭にのぼったのがわかった。


「おのれ!! 畜生、なにをする」

かわいさあまって憎さ百倍、赤鬼と化した私は、猫の胴と頭をつかんで絞め殺そうと、両手をかけた。その瞬間、

「猫よりも恩知らずの畜生は、おまえではないか」


の声なき声に驚いて、思わず合掌せずにおれなかったことがある。

あれくらいのことで、〝なぜ〟、〝あんなに〟、と反省する。

「これだけ、かわいがってやっているのに」

「これだけ、心配してやっているのに」

「やっている」の、恩きせ心に、怒りの原因があったと知らされた。

66
光に　向かって

まもなく、若い社員の一人が解雇された

排他は自滅

　ある会社で『投書箱』が設置された。

「社内の設備、社員の勤務ぶり、上司への注文や希望、その他、何事によらず、気づいたままを投書してもらいたい。鍵《かぎ》は、社長のみが持っているので、投書者の氏名も投書内容も、外にもれることはない。改善の参考にしたい」

　投書箱ができたと同時に、こんな説明書が全社員に配布された。
　二、三日は、ようすをうかがっているようだったが、五日目に、だれかが投書

した形跡があった。
〝相当長い文面だった〟
社長がこっそり、投書を出しているところを見た秘書の口から、社員の間へ広まった。
社内は緊張し、社員たちはビクビクしていた。
まもなく、若い社員の一人が解雇された。
それは投書者自身だったことが、後日、判明したのである。
投書の内容が、人身攻撃と自己弁護で埋められていたのだ。
〝このような人間は、社内の和合を乱すだけ〟
と社長は、問わず語りに言ったという。

森の中の一本の若木が、きこりにたのんだ。
「おれの周囲の大きな木を、みな切り倒してくれないか。
おれが十分に太陽の光をあおげないのも、自由に根をのばすことができないのも、みな周囲の大木のせいなのだ」

きこりはそこで、森の木をかたっぱしから切り倒した。

若木は、自由に手足をのばせるようになったと喜んだが、たちまち起こる暴風に、ひとたまりもなく、吹き折られてしまったという。

若人は、うぬぼれやすい。
自己を過信しているから、挫折《ざせつ》が多い。

すべてに整然たる組織があるのに、師長をあなどり、じゃまあつかいし、非難攻撃排斥して、自分が有利な地位に立とうとする。

一家にしては、舅姑《しゅうと》の大木を嫌い、夫婦のみの家庭で、自由に手足を伸ばす放縦な生活を望んでいるが、社会の悪風には、ひとたまりもなく破滅しなければならないのである。

67
光に向かって

やめよ！ やめよ！と突然、早雲は叫んだ

なりきる尊さ

相模国《さがみのくに》、小田原の城主であった北条早雲《ほうじょうそううん》は、琵琶《びわ》をきくのが大好きであった。

あるとき、琵琶法師を呼んで『平家物語』をきいた。

物語が進んで、那須与一《なすのよいち》が、扇の的を射るところにいたると、早雲の顔は感激に紅潮し、心身はうちふるえた。

いよいよ佳境に入り、

「さて与一が弓を満月のごとく引きしぼり、扇の的に狙《ねら》いを定め……」

と琵琶法師が言ったとき、突然、

「やめよ！ やめよ！」

早雲は叫んだ。

そしてついに、やめさせてしまった。

今まで熱中して、きき入っていた武士や女中たちは、一番おもしろいところでやめられたので、どうしたわけかといぶかった。

早雲は、そのとき、

「おまえたちは、あのときの与一の身になってきくがよい。与一は、扇の的がはずれたら、源氏の恥辱はもちろん、武士の面目のために、その場で切腹して、相果てる覚悟であったのだ。今、弓を射ようとしてジーッと的を狙っている与一の、その気持ちが、よくわかるから、聞いてはおれないのだ」

と述懐したという。

何事も、それになりきることが大切である。

北条早雲がつくった二十一カ条の家訓は、戦国大名の家訓となったのも、よくよく首肯される。

68
光に 向かって

おまえはなぜ、三階を建てんのだ

本末を知らぬ愚人

愚かな人が、友人の建てた三階建ての新築落成式に招かれていった。

田舎には珍しい、三階建ての広壮な建物に、彼はまず驚いた。

友人は、なによりも、三階のすばらしい展望を自慢する。

彼も、そのあまりにもみごとな景観に驚嘆した。

そこで彼は、こんな展望のよい家を、自分もぜひほしいと思った。

さっそく、村の大工を呼んで依頼した。

「大至急、三階建ての家を建ててくれ」

彼は、親の資産を受けついで、村一番の富豪であったので、金にいとめをつけなかった。

しかも彼は、せっかちな男だった。もうそろそろ完成しただろうと思って、ある日、建築現場にいってみた。

大勢の大工たちが基礎工事に、大地を深く掘りおこしている。

それをみた彼は、大工連中を集めて叱《しか》りつけた。

「おまえたちはいったい、なにをしているのだ。オレがあれほど、展望のよい三階建てを建ててくれと言っておいたのに、地下など掘ってなにをするのだ」

恐縮しながら大工の棟梁《とうりょう》が答える。

「それにはなんといっても、しっかりした基礎が大事で、ここに十分力を入れておかんと三階が狂ってくるので……、これから一階、二階と徐々に仕事を進めるつもりでいます……」

すると彼は、憤然としてどなった。

「オレはおまえらに、一階や二階を建てよと、たのんだことはない。オレは三階だけでよいのだ。それなのに、おまえたちは、なぜ三階を建てんのだ」

それをきいた大工たちは、クスクス顔を見あわせて笑った。

基礎を無視して三階の展望のみを求め、求めえずして、嘆き、悲しみ、怒っている者の、いかに多いことか。

69
光に　向かって

笛を高く買いすぎてはいけない

政治家、外交官、著述家、物理学者、アメリカを独立へと導いたフランクリンは多才である。

ボストンの貧しいローソク屋に生まれた彼は、少年時代、笛がほしくてたまらなかった。

ある日、思わぬお金をもらったので、こおどりして玩具屋《がんぐや》にとびこんだ。

「笛をください。よく鳴る笛を」

うれしそうな少年に、ずるそうな店頭の主人が問う。

「坊や、いくら持ってる？」

「これだけ」

純真なフランクリンは、手のひらを開いて、すべてを見せる。

「よし。それだけあるなら、笛を一つあげよう」

夢みていた笛を吹きながら家に帰って、得意になって、一切を兄弟に話すとミソクソだ。

「なんておまえは、ばかなんだ。それだけあれば、そんな笛は四本も買えるぞ」

あざけられ、急にしおれてしまったフランクリンに、父親は、こう諭している。

「人間は、なにかほしくなると、真価以上に高く買いすぎるものだ。よくよく気をつけねばならないよ」

父の言葉が胸にしみこんだ彼は、酒色にふける人を見るとこう思った。

「あの人は、一時の楽しみのほしさに、多くの犠牲を払っていることを知らない。やっぱり笛を高く買いすぎている人なのだ」

借金してまで着飾っている人には、

「あの人も、服装の値うちをあまりにも高く見ている。つまりは笛を高く買いすぎているんだ」

また、守銭奴には、

「あの人は金がほしさに、金の価を買いかぶりすぎている。あれも笛を高く買いすぎている仲間だ」

と、一生の教訓としたという。

ストーブや避雷針の発明、図書館の開設や道路舗装など、実際生活の向上に貢献したのも、うなずける。

〝仕事を追い、仕事に追われるな〟

彼の格言の一つである。

親捨てた
報いで子にも
捨てられる

70
光に　向かって

牛糞を食わされた祈祷師

迷信を招く心の闇

恵まれた三人の子供がみな女の子で、なんとか男がほしい夫婦があった。

妊娠したが、おまえは女腹と夫に言われて悲観していた矢先、ふと訪ねてきた男が、

「奥さま、今度は男と思われますか、女と思われますか」

と妙なことをきく。

「そんなことはわかりません」

「では、どちらを」

「今度はぜひとも男の子」

　正直に告白すると、

「私は神さまのお力をえている。おきのどくだが、今度も女のお子さんです」

と、言いはなつ。

　あまり見すかした言い分に、

「本当に、そんなことが」

と乗り出した。

「もちろん、わかります。しかし今のうちに、神さまにおすがりすれば、男に変わらぬでもない。ご希望ならば祈祷《きとう》しましょう」

と、つりこまれてゆく。

「でも……祈祷料は、たいへんでしょう」

「人助けの私、金など問題ではない。しかし神さまには、一回五千円のお礼を。だいたい、四、五回ですみましょう」

　半信半疑で、たいした金でもないし、夫も喜ぶことだからと、だれにもないしょで祈祷をたのんだ。いよいよ満願の日、いつものように夫の出勤後、祈祷師がやってきた。

ところが、忘れ物で途中で帰宅した夫、見かけぬ男が妻の腹の上に御幣をのせて、一心に呪文《じゅもん》のようなものをとなえているので驚いた。

妻のうちあけ話を、黙って聞いていた夫は、男に一礼してから、ちょっと外出するといって、まんじゅうのアンをぬいて牛糞《ぎゅうふん》をつめて帰ってきた。

「これでも、どうぞ」

のもてなしに、どんな大波乱が、と案じていた男、ホッとしてか、まんじゅうをガブリとほおばった。

思いきり牛糞を食わされて激怒する祈祷師を、

「まんじゅうのカワ一枚中さえ、わからなかったのか」

と夫婦はともに笑った。男はコソコソと逃げ去った。

たわいない迷信におかされるのは、心に光のない悲しさである。

下等の人間は舌を愛し、中等の人間は身を愛し、上等の人間は心を愛する

アメリカの大統領に、クリブランドが当選したとき、獄中の男の一人が長嘆息している。

「やはり、あの方が当選されたか。立派だったものなぁ」

「おまえは、クリブランド氏を知っているのか」

看守が不審に思ってたずねると、

「中学卒業のときは一、二を争って出たが、祝いに酒飯にいこうと誘ったところ、

クリブランド氏は〝味よきがゆえに断つ〟と言って、途中から帰ってしまった。おれは一度ぐらいなんだ、これが最後だ最後だ、が、たび重なって、ついに今日のように雲泥の差が生じてしまったのだ」

と述懐したという。

同じ身体《からだ》を持ちながら、同じ才能を有しながら、目的を達せずして奈落《ならく》に沈んだのは、勇猛精進の克己心がなかったからである。

下等の人間は舌を愛して、身を愛さぬ。
中等の人間は身を愛して、心を愛さぬ。
上等の人間は心を愛するがゆえに、克己して勇猛精進する。

偉業を成就せんと志す者は、すべからく衣食に心を奪われてはならない。頂上を極める者は弊衣粗食、よく初志を貫徹する者である。

生活の乱れた学生の更生法

大学教授のたくみな指導

慈父のように慕われた大学教授は、生活の乱れた学生を自宅に招き、こうきりだしたという。

「近ごろ、ご両親に電話や手紙を書いているかね」

「ときどき、やっています」

「月に何度ぐらいかな」

「一度か、二度です」

「ははあ、それはよいことだ。どんなことを伝えるのかな」

「お金を送ってもらいたいときです」

きまりわるそうに、答える。

「けっこうだ。お金のいるときは、友人などに借りずに、ご両親にお願いするのが一番だ。電話や手紙は、お金のことしか言わないのかな」

「そうです」

頭をかきながら学生が言うと教授は、端然として底光りする目をすえて、こう諭した。

「実は今日、遊びにきてもらったのはほかでもない。これから一週間に一度は必ず、ご両親に手紙を書いてもらいたいのだ。そのときに、朝早く起きたとか、朝食はパンと牛乳、昼は学校で定食、夜は焼き肉にインスタントラーメンを食べたとか、つまらんことでも、あらいざらい、話したり書くのだね」

教授を尊敬していた学生は、深い意味もわからぬままに、言われたとおり実行した。

金の催促以外に便りのなかった子供から、あれこれ案じていた日常生活のようすを知らせてくるので、親は安心し、喜びは格別である。

「家では最近、こんなことがあった、あんなことも……」

と、親も電話したり、手紙をよこす。

うれしさのあまり、子供の喜ぶものを送ったりもする。

夜遊びしていた学生も、ウソばかりも言いにくいから、自然と行為をつつしむようになっていく。

かくも自分のことを思っている、親心もわかってくるから勉強にも熱が入る。

悪評高き学生たちも、たくみな教授の指導で、剛健質実に更生していったのである。

大石内蔵助の十三年間

先見と熟慮

かの大石内蔵助《おおいしくらのすけ》が、播州《ばんしゅう》（兵庫県）赤穂藩《あこうはん》の家老をつとめていたころである。

城下の町人の中に、赤穂で塩を造ったら、おおいに藩の財政を潤すだろうと考えた者がいた。

そこで同志を帯同して、家老大石に面会し、〝赤穂藩のためにぜひ、ご許可を〟と懇願した。

こまかい彼らの申請を、つぶさに聞いていた大石は、やがてこう答えている。

「なるほど、その方らの考えは大変おもしろい。よく検討したうえ、沙汰《さた》しよう」

おそくとも三カ月か半年中には、認可されるだろうと、町人らは鶴首《かくしゅ》して待っていた。が、一年たっても二年たっても、なんの音さたもない。

光陰矢のごとし、はや五年の歳月が流れた。

「大石さまも、わかったような顔をしていても、なにもわからないものだ」

一同あきらめて、忘れかけていた十三年目、ようやく呼び出しがかかった。

「十三年前、その方らが、製塩の許可を願い出たことを覚えているか。

あの話を聞いたときから、よい発想とは思ったが、よくよく考慮したところ、問題があったのだ。

まず、塩を煮るには薪がいる。薪をたくには木を切らねばならぬ。多くの樹木を切ると山がはだかになる。はだかの山に大雨が降ってみよ。たちまち洪水だ。大洪水になれば田畑はメチャメチャ。農業の荒廃は一藩の荒廃じゃ。

そう気がついたので、あれから十三年、植林に尽力してきた。

もうそろそろ木を切り出しても、山がはだかになる心配はなくなった。よって、その方らの製塩事業を許可する。おおいに城下が潤うよう、つとめてもらいたい」

後日、四十六士を結集し、いくたの困難を乗り越えて、みごと、主君の恨みを晴らす、大石内蔵助の智慮《ちりょ》の周到さを、ここでも、かいま見ることができるようだ。

最初から負けていた

勝利のカギ

数が勝利をもたらすことが多い。だがその数よりも勝利の要素がある。団結である。

天下分けめの関ヶ原の合戦が、雄弁にそれを物語っている。

徳川家康ひきいる東軍と、石田三成の西軍とでは、東軍が明らかに劣勢だった。

明治時代、日本陸軍の指導にきていたドイツ軍の参謀が、関ヶ原の配置図を見て、

「西軍が負けたとは、信じられない」

と語ったエピソードがあるほどだ。

両軍あわせて二万五千挺の鉄砲を集中した、当時としては、世界最大の戦闘である。

その火力においても西軍が勝っていた。にもかかわらず、西軍が、なぜ敗れたのか。


戦争の勝敗に決定的要素となる団結が、東軍に劣っていたからである。


統率者の石田三成に人望がなく、加藤清正、福島正則といった秀吉子飼いの猛将たちに造反されてしまった。

加えて淀君《よどぎみ》と、秀吉の正室である北政所《きたのまんどころ》の確執が、関ヶ原における西軍の小早川秀秋の裏切りを呼んだ。

こんな状況では、最初から西軍は負けていたのと同じである。

第二次大戦で独裁者ヒットラーのドイツが敗れたのも、同じことがいえる。

一九四四年、ヒットラーは国防軍のしかけた爆弾で、あわや暗殺のピンチに立った。

カナリス軍情報部長や、空軍大臣のゲーリングさえ、アメリカと通じあっていたのである。

人望がなかったのは、ヒットラーばかりではなかった。

戦争中、ナチスドイツの幹部が、女の問題でケンカをしていたという。

原因が女であれなんであれ、最も団結を要する戦いに、幹部が不統一だということは、戦わずして負けたも同然だ。

関ヶ原の西軍も、ナチスドイツも、団結という勝利のカギを失っていたのである。

75

光に 向かって

世界一おいしいご馳走ができあがりました、と料理人は言った

〝世界一おいしい、料理が食べたい〟

昔、ある王様がこう言って、国中の料理人を召集した。

王宮で常に、食の贅《ぜい》を極めているので、どの料理も、おいしいとは思えない。

「へたなやつばかりだ。もっと上手な料理人を探しだせ」

側近が困惑していると、

「私が世界一の料理人でございます」

と、申しでた者がいた。

「余の満足する料理が作れるか」

「おそれながら、それには、私の言うことをお守りいただかねばなりませぬ」

「おもしろいことを言うやつじゃ。守ってやるから作ってみよ」

王様も、意地になって承諾する。

それから三日間、昼夜、王様のそばを離れず、ジッとしているだけだった。

「いつ、料理を作るのじゃ」

「はい。そのうちに、必ずお作りいたします」

三日目にもなると、空腹でヘトヘトの王様に、粗末な野菜料理が運ばれた。

「さあ。お約束どおり、世界一おいしいご馳走《ちそう》ができあがりました。十分にお召し上がりくださいませ」

むさぼるように、それをたいらげてから、王様は言った。

「こんなおいしいものを食べたことがない。なにを、どんなに料理したのか」

料理人はそのとき、こう答えたという。

「料理の上手は飢えにあります。空腹で召し上がるものが、一番の、ご馳走でございます」

〝おいしい〟と感ずるのは、飢えという苦しみの軽減されてゆく過程である。

飢えの苦のないところに、おいしいという楽しみは、ありえないのだ。

人生もまた同じ。苦しみから逃げまわって生きようとする者は、絶対に楽しみを味わうことができない。

意気地なしや卑怯者《ひきょうもの》と、真の幸福は、無縁のものなのだ。

楽の元は苦、といわれるではないか。

76

光に　向かって

だから青年白石は三千両を拒否した

信念は未来を開拓する

徳川六代将軍・家宣《いえのぶ》に仕えて、敏腕をふるった政治家・新井白石《あらいはくせき》が、まだ無名の一学徒であったときである。

当時の碩学《せきがく》・木下順庵《きのしたじゅんあん》のもとで、昼夜勉学にいそしんでいたころ、友人に河村《かわむら》瑞賢《ずいけん》という富豪の息子がいた。

白石が貧困と戦いながら勉学に励んでいるのをきいた瑞賢は、白石の学才の優れていることを知り、将来を強く嘱望して、経済的援助を、息子を通して申しでた。

「あなたはよく貧困と戦って勉強していられるが、私の父も、深く同情しております。ついては父が、あなたに三千両を提供して、学資の一助にしてもらいたいと言っていますが、いかがでしょうか」

白石は心から、その厚意を感謝してから、毅然《きぜん》として拒絶した。

「昔話にもあるように、小蛇のとき受けた、ほんの小さなきずが、大蛇となったときには、一尺あまりの大きずになっていたということがあります。今、私が貧しさのあまり、ご厚意を受けて、三千両の金子をいただいたとしたら、それは今でこそ小さいことではありましょうが、後に思いもよらぬ、学者の大きずになるかもしれません。そうなればいかにも残念です。それを思うと、いかに小さいきずでも、今は受けたくありません。この旨をお父上に、よろしく申し上げてくださるようお願いいたします」

目前の金子などには目もくれない、大理想に生きていた青年学徒にしてはじめて、あれほどの大政治家になったのである。

未来ある者は、すべからく白石のごとき信念をもって、どんな小さなきずも恐れて、広大の天地を開拓する基礎をかためてゆかねばならない。

甚五郎のネズミはうまかった

技量と智恵

名工といえば左甚五郎《ひだりじんごろう》。

日光東照宮の〝眠り猫〟、上野寛永寺の〝昇《のぼ》り龍《りゅう》〟など、あまりにも有名である。

江戸初期、播磨国《はりまのくに》（兵庫県南部）に生まれた。

本名は、伊丹利勝《いたみとしかつ》。生まれつき左ききで、左手一本で仕事をしたので、左甚五郎と呼ばれる。彼も「左」を自分の姓にしたという。

菊池藤五郎《きくちとうごろう》は、甚五郎と並んで、当時、彫刻界の双璧《そうへき》といわれた。

碁、将棋、野球、相撲、剣道、プロレスなど、何事も他人は、競争させ、応援したがるものである。ひいき筋はそれぞれ、日本一の名工と誇り、時にはエスカレートして、血なまぐさい争いまで起きる始末。

〝だいたい、日本一が二人いるのがおかしい。決着つけてほしい〟の要望が、世間に満ちていた。

耳に入った将軍は、両人を呼んで、こう命じた。

「どちらが日本一か。その場で、ネズミを彫刻してみよ」

両者は必死で、ノミをふるう。

チョロチョロと、今にも動き出すような二匹のネズミを一見して、将軍は驚いた。

まったく甲乙つけがたい、みごとなできばえであったからだ。

困惑の将軍に、側近の智恵者《ちえしゃ》がささやく。

「ネズミのことなら猫が専門家。猫に鑑定させたらいかが」

大きくうなずいた将軍は、さっそく広場に二匹のネズミを、離して置かせ、猫に狙《ねら》わせる。

放たれた猫はまず、藤五郎の彫ったネズミに直進した。

〝藤五郎が日本一か〟と思った瞬間、どうしたことか、パッと吐き捨て、甚五郎のネズミに突進、ガブリとくわえて、飛んで逃げ去ったのである。

万雷の拍手と歓声が、甚五郎にあがった。藤五郎のネズミは、木で彫ってあったが、甚五郎のは、鰹節《かつおぶし》で作ってあったのだ。

技量だけでは、真の名人とはいわれない。臨機応変の智恵が必要なのである。

78

光に 向かって

殺して生かす

相手を裏切り、ののしられ、迫害も覚悟しなければならぬこともある

アメリカが今日のように、交通機関が発達していなかったときのことである。夕闇《ゆうやみ》せまる田舎道を、和気あいあいの乗合馬車が走っていた。

ガス灯のゆれるウス暗い車中には、立っている乗客はなかったが、ほぼ満席であった。

やがて馬車が、うっそうと生い茂った、奥深い山道へとさしかかったころ、どこからともなく、物騒なささやきが聞こえてきた。

「ここによく、ギャングが現れるそうだ」

「乗合馬車が、よく襲われるそうだが、今日はだいじょうぶだろうか」

「そういえば、ギャングのでそうな、さびしい道だ」

するとー人の青年が、ワナワナとふるえて、隣席の紳士に相談を持ちかけた。

「今の話は本当でしょうか。私は今、汗とあぶらでためた三千ドルの大金を持っています。もし、これを奪われたら、私は死ぬよりありません。どうしたらよいのでしょうか」

紳士は、静かにうなずき、

「私がよい方法を教えましょう。靴の中へ隠しなさい。足の下までは調べないでしょう」

青年が教えられたとおりにした直後、ギャングの一団が馬車を襲った。車内に踏みこみ、シラミつぶしに乗客の金品を略奪し始める。

そのとき、ギャングに件《くだん》の紳士が叫んだ。

「この男は、靴の中に大金を隠しているぞ」

ギャングたちは、思わぬ大戦果に酔い、後はろくに探そうともせずに雀躍《じゃくやく》と立ち去った。乗合馬車は、何事もなかったかのように、また走り続けたが、乗客は異口同音に紳士を罵倒《ばとう》し、ギャングの一味だと青年は激昂《げっこう》し、殺気がみなぎる。

「すまない、すまない、今しばらく辛抱してください」

紳士は、おだやかに、くりかえすばかりであった。

馬車は町へ着いた。忍耐の限度を超えた青年は、紳士につかみかかろうとする。

「すまなかった。実は私は、十万ドルの大金をもっていた。三千ドルも大金ですが、それで十万ドルが救われました。お礼に一万ドルをあなたにさしあげます。どうか、お許しください」

ことの真相を知った青年は深く反省し、心からお詫《わ》びと謝礼を述べたという。

人生には、より大切なことを遂行するために、一時は相手を裏切り、ののしられ、迫害も覚悟しなければならぬことのあることを、知っておかなければならない。

79
光に　向かって

すぐ百万円を持っていったのは、なぜか

恩知らずになりたくない

不治の病にかかった大富豪が、奇跡的に快方に向かった。

全快に近づいたとき執事を呼んで、

「すぐに主治医へ、百万円包んでお礼にいってくれ」

と命じた。

「だんなさま。全快なさってからでよいのではありませんか」

不審そうな執事に、こう富豪は話したという。

「いや、すぐでなければならぬのだ。あの絶望のとき、もし私の病を治してくれたら、全財産をさしあげてもよいと、本心から思った。ところがどうだ。危機を脱すると、そんなにまでする人はないのだから、半分ぐらいにしておこうか、に変わってきた。だんだん調子よくなるにつれて、三分

の一でもよいのでないか。財産の執着が次第にふくれ、百万円だすのもバカらしくなってくる。医者は病気を治して当然でないか。いくら治療しても死ぬ人がいる。治ったのは医者の腕とばかりは言えない。してみれば法外な礼は、他人に笑われるだけ、と考えだしたのだ。こんな私は、健康体になってからだとビタ一文ださず、請求されるまで自分の手元において、利子まで計算するにちがいない。そんな恩知らずに、私はなりたくないのだ。起きあがれないときに百万円持っていってくれ」

〟借りるときのえびす顔、返すときのエンマ顔〟といわれる。

就職をたのむときや、なにかお世話になるときは、愛嬌《あいきょう》をふりまき、おべっかのかぎりを尽くす。

このご恩、終生忘れはせまいと、そのときは思うのだが、いつの間にやら見向きもしなくなるのが人情である。

ご恩をありがたく感謝する者は成功し、ご恩を当然と流し去る者は、必ず信用を失う。

80
光に　向かって

あわれむ心のないものは恵まれない

試された親切心

お釈迦《しゃか》さまが、ある家へ乞食《こじき》の姿で現れ、一飯をこわれた。

「私の家には、夫婦の食べるものしか炊いていない」

出てきた主婦は冷たくあしらう。

「それでは、お茶を一杯、恵んでくださいませんか」

「乞食が、お茶などもったいない。水で上等だ」

「それでは私は動けないので、水を一杯、くんでくださいませんか」

「乞食の分際で、他人を使うとは何事だ。前の川に水はいくらでも流れているから自分で飲め」

釈迦は、忽然《こつぜん》と姿を現し、

「なんと無慈悲な人だろう。一飯を恵んでくれたら、この鉄鉢《てっぱつ》に金《きん》を一杯あげるはずだった。お茶を恵んでくれたら、銀を一杯あげるはずだった。水をくんでくれる親切があったら、錫《すず》を一杯あげるつもりであったが、なんの親切心もない。それでは幸福《しあわせ》は報うてはきませんよ」

「ああ、あなたはお釈迦さまでしたか。さしあげます、さしあげます」

「いやいや、利益をめあてにする施しには、毒がまじっているからいただかない」

と、おっしゃって帰られた。

帰宅して、一部始終をきいた主人は、

「おまえはばかなやつだ。なぜ一杯のメシをやらなかったのだ。金が一杯もらえたのに」

「それがわかっていれば、十杯でもやりますよ」

「よしそれなら、おれが金とかえてもらおう」

と、お釈迦さまの後を追った。

へとへとになったところで、道が左右に分かれている。

ちょうど、道ばたにうずくまっている乞食がいるので、

「乞食、ここをお釈迦さまが、お通りにならなかったか」

「ちっとも知りませんが……私は空腹で動けません。なにか食べ物を恵んでくださいませんか」

「おれは、おまえに恵みにきたのではない。金をえるためにきたのだ」

そのとき、釈迦は変身なされ、

「妻も妻なら夫も夫、あわれむ心のないものは恵まれないのだ」

「あなたがお釈迦さまでしたか。あなたにさしあげるためにきたのです」

「いいえ、名誉や利益のための施しには、毒がまじっているからいただくまい」

厳然とおっしゃって、釈迦は立ち去られた。

81
光に 向かって

忘れ物の二百両を届けにきた馬の親方

誠の感化

優れた師匠を求めまわった熊沢蕃山《くまざわばんざん》。

〝ここに師あり〟と、近江聖人《おうみせいじん》・中江藤樹《なかえとうじゅ》の門に入ったのは、同宿の、商人の話を聞いたのが因縁だった。

以下は、商人の話。

かつて私が京都へいったとき、草津付近で、主人の大金二百両を紛失してしまった。

という者がいた。

とほうにくれ、死も覚悟していた夜半、旅籠《はたご》の戸をたたき、ぜひ私に会いたい

出てみると、今日乗った馬の親方ではないか。

「あなたを送って家に帰り、馬の鞍《くら》を調べてみると、このような大金が忘れられていた。確かに、あなたのものにちがいない。どんなにこそ、お困りのことかと駆けつけました。これでやっと肩の荷がおりた思いです」

と、私の失った金子を目の前にさしだした。

地獄で仏の私は、今時、こんな人があったのか。身に学問はなくとも、その心根は聖《ひじり》にも劣らぬものだと感心して、これは、ほんのお礼のしるしと、さしだした十六両も、

「私は別に立派なことも、かわったこともしたおぼえはありません。あなたのものを、あなたに返すのはあたりまえ。お礼など、もらう訳はありません」

と、いっこうに受け取ろうともしない。

強く心を打たれた私は、いかにも美しい心がけなので、その理由をたずねてみ

た。

「私の郷里に、中江藤樹という先生がおられます。先生は、いくら貧乏したとて、よけいに金銭をねだったり、不正な金をわが物にしたりして、みだりに利に走ってはならない。守るべきは、誠の心一つだと言われます。今夜きたのも、その教えのとおりにしたまでで、別にたいしたことではありません」
という。馬子殿《まごどの》の行為はみな、中江先生という人の感化であるそうな。まったく偉い方もあるものです。

〝この人をおいて、わが求むる師なし〟と熊沢蕃山をして決意させたのは、この商人の、感動的体験談であったという。

82

光に　向かって

金銭を診察したことはない

技量だけではなかった名医

家康の第十男、徳川頼宣《とくがわよりのぶ》が藩主であった紀伊《きい》（和歌山県）に、那波加慶《なわかけい》という名医がいた。

江戸から帰ったあるとき、紀伊国第一の富豪、鴻池孫右衛門《こうのいけまごえもん》が重病で苦しんでいる、ぜひ診てくれないか、とたのまれた。

鴻池の使者はそのとき、加慶にこう言った。

「鴻池孫右衛門というお方は紀州第一の大金持ちであります。どうか他の病人よりも、丁寧に診察してくださるようお願いします」

とたんに加慶のきげんが悪くなり、きっぱりと、断ったのである。

「先ほど、ご依頼をうけたときは、さっそくご診察申し上げようと思いましたが、あなたのお言葉を承って、もはや診察申し上げる気はなくなりました。なにとぞあしからず、孫右衛門さまにも、このよしお伝えくださるよう」

「それはまた、どうしたわけで……」

驚いてたずねる使者に加慶は、こう諭したという。

「別に理由というほどのことではありません。ただ初めは、重病人でお困りときいたのでいって診ようと思ったのです。ただいまのお言葉だと、大変金持ちであるから、丁重に診察せよとのこと。私は今日まで病人は診察してきたが、金銭を診察したことはありませせぬ」

感服した使者は、非礼を詫《わ》びてひきさがったという。

さすが当代随一の名医、技量だけではなかったのだ。

権勢にも左右されず、富貴にも心を動かさなかった加慶の優れた人格に、医は仁術をみたのであろう。

私は、あなたを愛します

男性鑑定の手引き

木の枝に、肉片をくわえたカラスがとまっている。

悪賢い狐《きつね》が、それを見逃すはずがない。

「カラスさん。あなたは、いつ見ても美しいね。ビロードのような着物は輝いている。そんな美しいあなたのお声は、どんなにすばらしいことか。一度でいいから聞かせてほしいなぁ」

得意になったカラスが思わず、

「かぁー」

と、一声なくと、肉片がポトリと落ちた。

「ばかガラス、うぬぼれるない」

なんなく狐は、肉片を手に入れ、逃げ去った。

ものにするまでは、だれでも、ほめるものなのだ。

女性は一反の着物を買うにも、一時間も二時間もねばって考え直すが、恋愛や結婚の相手を、どれほど全智《ぜんち》をしぼって鑑定し、批判して見るだろうか。

女性に、ことに初対面の女性に、あまりに親切な男性は、多くの場合〝食わせ者〟と思ってよい。

そういう親切は、美徳ではなくて、悪徳と考えてもいいくらいだ。

くれぐれも女性は、男の親切や、ほめ言葉に、警戒すべきである。

ところが、多くの男性に接しない女性は、最初に会った親切な男性の言葉に魅せられて、つい心を許してしまう者が多い。
本当にまじめで健全な男性は、初対面の女性などに、それほど、なれなれしくするものでもなければ、親切でもないはずである。

「私は、あなたを愛します」

などの言葉は、デパートの入り口の店員が、

「いらっしゃいませ」

と、お客にかける言葉と同じで、どんな約束も空証文のようなものだから、決して信じて踏みにじられてはならない。
冷静に、相手の人格や性格操行なりを、ハッキリと見定めることこそ肝要である。

精魂を打つ

名刀工・正宗と義弘

鎌倉時代のこと。

刀工日本一を決定しようと、十八人を選抜し、おのおの、一刀を造らせた。

かの有名な岡崎正宗《おかざきまさむね》や郷義弘《ごうのよしひろ》の名刀工も、その中にいた。

厳しい審査の結果、正宗の刀が最良と判定されたのである。

〝これにはなにか、ワケがあるにちがいない。正宗のやつ、ワイロを使ったのかもしれぬ〟

当代一の名刀《めいとう》鍛冶《かじ》を自負していた越中国《えっちゅうのくに》・松倉の義弘は、とても釈然とはできなかった。

自分をだしぬく者を容認できない自信過剰の義弘。

このうえは決闘を申しこみ、決着をつけようと、鎌倉の正宗を訪ねた。

ちょうど、刀を鍛えている真っ最中か。さかんにトンテンカン、トンテンカンとすんだ音が聞こえてくる。

こっそり鍛冶場をのぞきこんだ義弘は驚いた。

清められた仕事場に、袴《はかま》をつけ、端然として槌《つち》を打っている、こうごうしいほどの正宗の姿にであった。

なにも知らない正宗は、はるばる遠方から訪ねてくれた義弘を、心から歓待した。

「いままで私は、あなたを疑い、恨み、決闘まで覚悟してきましたが、大きな誤りでした。あなたの鍛錬ぶりを拝見させていただき、いかにも威儀正しく、精魂こめて刀を造っていられる。それにくらべて私は、暑ければ肌をぬぎ、ノドがかわけば飲むといったありさまで、とてもあなたとは比較になりません。技術や腕力だけでは、とうてい、名刀はできないことを知らされました」

一部始終をうちあけた義弘は、ぜひ弟子にしてもらいたいとたのんだ。

正宗は謙遜《けんそん》して断ったが、どうしてもと義弘がたのむので、ついに許したという。

心に衣服を着る女

夫婦の幸福

昔、大阪に、共稼ぎで貧困を克服、大商人となった夫婦がいた。

現在の富と繁栄を築きあげるに、乗り越えてきた艱難辛苦《かんなんしんく》は、はかり知れない。

窮乏時代を忘れ、奢侈《しゃし》に流れるのが、にわか成金の常である。

彼らはしかし、そうではなかった。

今までの心得を乱さず、あいかわらず夫は店先に立って家業に精励する。

妻の心がけも見あげたもの。とかく女性が夢中になる衣服や装飾には目もくれず、家内を切りまわす。

ますます繁盛したのも当然だった。

夫は内助の功に感激し、少しは衣服装飾を新たにしては、とすすめるが、

「昔を思えば、ぜいたくは言っておれません」

と笑って答える妻が、いじらしかった。

愛妻家の彼は、おりにふれて持ちだすと、

「やはり私とて女、ほしいものはほしいのです。実は、あなたにこっそりと、こしらえてタンスの中にしまっています」

「ヤレヤレ、そうだったのか」

少々落胆ぎみの夫に、ぜひ新調した衣服を見てほしいと妻は言う。

さっそくタンスを見るが、新調の衣類などは、どこにも見あたらぬ。

ただ見なれぬ文字が書きつけてある白紙があるだけ。

不審顔の夫に妻の笑顔は、こう言った。

「今朝も、門前を通る女性の衣服が美しく、気にいったので、さっそく二つ三つこしらえました。けれども苦難の過去を思うと、とても着られず、またタンスにしまっておきました。私は心に衣服を着るのです。白紙に名さえ書いておけば、現物があるのも同然です」

感嘆した夫は、幸せにあふれた。

夫婦の幸福は、案外近くにあるものだ。

86

光に　向かって

ある夜、王様は、市街の真ん中に大きな石を置いてみた……

ドイツのある王様が、だれも見ていない夜中に、市街の真ん中へ、そっと大きな石を置いて帰城した。

翌朝、酔っぱらいの軍人が、その石につまずいて、倒れて頭を打った。

「だれだい、こんな往来に石を置いたやつは。ばかやろう、気をつけろ」

さんざん、悪口を言って立ち去る。

しばらくして、馬でかけてきた紳士が、間一髪で大石につきあたろうとして、立ち止まった。

「ああ危ない。もう少しのところで、この石にぶつかって死ぬところであった。いたずらするにもほどがある」

ブツブツ小言をいって去ってゆく。またしばらくすると、一人の農夫が、荷車を引いて通りかかった。

「なんだい、こんな大きな石を置いて。危なくて通れやしないじゃないか」

不平たらたら、石をけって通り過ぎた。

かくして、だれ一人、この石を取り除く者はいなかった。

一カ月後、王様は、市民をその広場に集めて訓示した。

「実はこの石は、私が置いたのである。しかし今日まで、だれ一人として公益のために取り除こうとする者はいなかった。これは私の治政の欠陥だろう。今日この石を、私が取り除こう」

王様みずから、石を動かした。

するとその下に『この石を片づけた者に与える』と記した袋があった。

宝石と金貨二十枚が、その中に入っていたという。

あれを見よ　みやまの桜　咲きにけり
真心つくせ　人しらずとも

あれを見よ
みやまの桜
咲きにけり
真心つくせ
人しらずとも

炎の色を見わける話

名画伯と熟練消防士

月岡芳年《つきおかよしとし》は浮世絵と洋画を折衷した一派を立てて、一流の名画を残した人である。

あるとき、神田の大火にかけつけて、炎々と燃えあがる火炎の模様を写生して帰ってきた。

後日、出入りの親しい消防士がきたので、その絵を見せた。

「これは先日の神田の大火の写生である。あなたは職業柄、火事のことには詳しいでしょう。この絵に誤りがないか見ていただきたい」

いかにも名人の描いたものだけあって、火炎のありさまといい、黒煙のものすごさといい、人々の騒いでいるかっこうなど、実にすごみがあって、実感が出ている。

しばらく見いっていた消防士は、

「実はあの火事の夜、私は、よそへいって留守でしたので、火事場へはゆけませんでしたが、この絵を見ますと、神田の某金物店が焼けているところでしょう」

と答えたので、芳年画伯が驚いた。

「なるほど、あなたの言うとおり、この絵は、金物屋の焼けているところを写生したものだ。煙ばかりのこの絵だけで、どうしてそれがわかられたかな」

「私は多年消防に従事していますため、火炎の色を見て、あれは木が焼けている炎だ、あれは金《かね》が焼けているものだ、ということがわかります。今あなたの絵を見ますと、炎の色が、確かに金物の焼けている色です」

と答えたので、芳年、いよいよ感嘆して、

「さてさて経験修練というものはおそるべきことである。私も、あなたの炎の色を見わけける話を聞いて、おおいに参考になりました」

と称賛したという。

この消防士も称賛されるべきであるが、画伯の絵もまた名画ではないか。

何事も、その極意に達すれば驚くべきものである。

88
光に　向かって

進退きわまった釈迦

無上の道

釈迦《しゃか》、修行中のできごとである。

手負いのハトが飛んできて懇願した。

「私はいま、ワシの襲撃を受けています。どうぞ、お助けください」

お釈迦さまは、ふるえるハトを、ねんごろにいたわって、懐へかくまわれた。

まもなく現れた飢えたワシは、あたりを見まわして、釈迦にたずねる。

「ここへ、ハトがきませんでしたか」

「ハトなら私の懐にいる」

ホッとした表情のワシは、

「ヤレヤレこれで生きのびられる。どうぞハトを渡していただきたい。餓死寸前の私が見つけたハトなのです。あれを逃しては死ぬほかないのです」

ワシを生かすには、ハトを死なさねばならず、ハトを助ければ、ワシが助からぬ。

進退きわまった釈迦は、一大決心をなさるのである。

「ワシよ、汝《なんじ》の飢えはハトでなければ救えないのか」

「そんなことはありません。同等の肉片ならば、私は死なずにすみます」

「ならばどうじゃ。ハトと同分量の肉を与えるからハトを助けてはくれないか」

納得したワシにお釈迦さまは、みずからの片方の腿《もも》の肉をそいで、ハトの目方と合わせてみられたが、まだまだ軽い。
もう一方の肉をそいで計ってみられても、まだ足りぬ。
そこで身体《からだ》のあちこちの肉をそいで、ワシに与えられた。
ようやくワシは飢えを満たして喜び、ハトも死をまぬがれて喜んだ。
釈迦も、ともに生命をまっとうしたのを見て喜ばれたという。

ワシに慈悲心を教えるのも尊い。
ハトに諦観《たいかん》を説かねばならぬこともあろう。

しかし釈迦は、最も困難で、苦しい道を進まれた。
最高無上の道だからである。

スキのないのが欠点

必要な余裕

あるとき、博多に巡業にきた大相撲一行の中に、とても強い力士が一人いた。彼には大関も横綱も、とても勝ちみはないだろうという、もっぱらの評判だった。

ひいき客の一人が、

「この分では、君はすぐに横綱だなあ」

と称賛すると、力士は、静かに答えた。

「お言葉はありがたくちょうだいいたしますが、私には横綱の器量などございません。第一、私の相撲には、スキがないというよりも、スキを作る余裕がないのです。これが私の欠点です。横綱の相撲には、どこかに余裕があるものです。どんな相手にでも、つけこませるスキを与えております。それだけの余裕を持てない私の相撲では、とうてい、横綱なんかにはなれません。まことに、まだまだ未熟者でお恥ずかしいかぎりです」

まことに立派な知己《ちき》の名言、といわなければならない。

対話していても、相手が寸分のスキもない人であれば、息がつまるようで、とてもうちとけて親しめない。

昔からいわれるように、どこか胸の中に穴のある、抜けたところのある人が、他人に愛される魅力ある人物になりうるようだ。

それは美しい女のほっぺたの一点の墨のように、知恩院の屋根裏に唐傘が一本あるように、妙に人の心をそそり、引きつける。

宮本武蔵がスキだらけの構えで敵に臨んだ、剣法の極意でもある。

これはよほど、相手を知り己を知る余裕がなければできない言動であるが、大人物には欠かせない要素である。

90
光に　向かって

大の親不孝者にほうびを与えた水戸黄門

善悪への心得

旅をしていた、謹厳な武士。

遅れた連れの家来を待っていると、息せききってやってきた。

「なにをしていたのか」

「草履の緒が切れたので、すげていました」

「藁《わら》は、だれにもらったのか」

「道ばたの稲架《はさ》から、抜きとりました」

「持ち主に、断ってのことか」

「いいえ、ワラの一本や二本とっても、文句を言う者はいません。だれでもやっていることですから」

「ばか者、そんな根性は許されん。だれが許してもおれが許さぬ。すぐに、持ち主に許しを求めてこい」

厳しく言いつけ、あいさつにいかせたという。

〝だれでもすること〟〝小さいことだから〟が、悪魔の常の言いぐさであることを、武士はよく心得ていたのだろう。


有名な水戸《みと》黄門光圀《こうもんみつくに》が、領内を巡視中のことである。

かねて、親孝行者に、ばくだいなごほうびをくださるという、老公のうわさをきいていた大の親不孝者。

ほうびをせしめるチャンスとばかり、平素、虐待し続けていた母親を背負って、さも孝行者らしく、老公の行列を拝していた。

ふと光圀公が、それをご覧になって、側近に命じた。

「あの者に、ほうびをとらせよ」

「なんと仰せられます。彼奴《きゃつ》は人も知る、大の不孝者でございます。今日、あのように母親を背負って行列を拝しているのは、殿の御目をあざむき、ほうびほしさのためでございます」

世間周知の事実を申し上げても、ウンウンとうなずきながら老公は、こう諭したという。

「ウソでも、偽りでもよいではないか。形だけでもよい。そして今日一日だけでもよろしい。

一度でもああして、親を背負ってやることが大切なのだ。うんとほうびを与えよ」

朱に交われば、赤くなる。善人とつきあえば、おのずと善心がよみがえってくるものだ。


善いことは、まねでもせよ。

ダイヤモンドになれると思った小石

自己を磨く

金剛石が一個、川ばたの小石の群れに、まじっていた。

一人の商人が、めざとく発見し、王様に売却した。

王冠を飾った金剛石《ダイヤ》の輝きは、大衆を魅了してやまなかった。

小石どもの耳にも、それが入ったので大騒ぎ。

金剛石の幸運が、小石どもにはうらやましくて、たまらなかったのである。

小石どもはある日、そばを通った農夫を呼びとめて哀願した。

「うわさによると、我々と一緒に、ここにころがっていた金剛石のヤツメが、都で、今では大出世しているそうです。アイツも我々も同じ石ですよ。我々だって、都へいけさえすれば、出世するにきまっている。どうか、都へ連れていってください」

ふびんに思って農夫は、小石を荷に入れ、都へ持参した。

望みどおりに小石らは、あこがれの都へはきたが、むろん、王冠を飾るどころではない。

道路に敷かれて、毎日、多くの車のわだちに苦しめられ、後悔の涙にくれたのである。

顔をしかめて飛んでゆくフクロウを、連れのハトが呼びとめた。

「おいおい、そんな、うかぬ顔して、どこへいく」

さびしそうに、フクロウが答えた。

「知ってのとおり、この里の者たちは、悪い声のオレを嫌うので、所を変えようと決心したんだよ」

くくと笑って、ハトは、

「それはムダだよ、フクロウさん。いくら所を変えたって、おまえの声を変えないかぎり、いく先の者はやはり、おまえを嫌うだろう。古巣を捨てる覚悟があれば、声を変える努力を」

と、忠告したという。

自己を磨くことこそ、出世の要諦《ようたい》。

輝く存在になりさえすれば、人も物も自然に集まる。

己の、たゆまぬ錬磨を忘れて、出世のみを追い求むることは、かえって失敗の原因となる、と知るべきであろう。

92

光に　向かって

戦うばかりが男の勇気ではない

江戸城無血開城

首都・江戸を戦火で破壊し、国を二分する愚かな戦いだけは避けねばならぬ。アメリカ、イギリス、フランス、それにロシアも、それぞれ官軍と幕府に支援の手をさしのべるごとく装いながら、眈々《たんたん》と、内戦で日本が疲弊し、植民地化することを狙《ねら》っている。その術中にはまれば第二のインド、清国《しんこく》にもなりかねない。

官軍の大参謀・西郷隆盛と、田町の下屋敷で最後の談判を終えた幕軍の勝海舟は、いま江戸城に向かって馬を飛ばしている。

赤羽橋にさしかかったころ、すでに日は暮れ、あたりは闇《やみ》につつまれていた。

パン！という鈍い音と、風をきって、ほほをかすめる銃弾。続いて二弾、三弾。
「いまは、死ねない」
身の危険を感じた海舟は、馬を楯《たて》に身を隠し、その場をやりすごした。
海舟の命を狙ったのは官軍か幕軍か。そのいずれにも可能性があった。
いよいよ明日が決戦。大義名分を立てるには「徳川慶喜《とくがわよしのぶ》を討つべし」の官軍。
「戦わずして開城はできぬ」と、いきりたつ江戸城。

憎しみと興奮に燃え、一戦まじえねば気分のおさまらぬ強硬派の声は、両軍から、日増しに強まっていた。

「軟弱な西郷、勝を斬《き》れ」

両者談判中も、つねに暗殺者は屋敷のまわりをうろついていたのだ。

断固戦えと、勇ましくはやしたてることよりも、このような状況下で、いきりたつ強硬論をおさえるのは、何人にも至難の業に相違なかった。

しかしよく両雄は、理を尽くして諸外国による植民地化の危機と、国家利益の重大性を説き、江戸城無血開城という歴史的大事業を成し遂げたのである。

戦うばかりが男の勇気ではない。大所高所からの、的確な判断が大切であろう。

悲しむな
夜が明ければ
朝来たる

何事も、理攻めで解決したがる人間は嫌われる

抹香くさいことが、大きらいな男がいた。

「坊主の顔を見るのもイヤだ。

オレが死んだら葬式など、ムダなことは一切やるな。遺体はどこかで焼いて、空からパーッとばらまくか、それも面倒なら、川かなんかへ流してくれ」

これがいつもの公言だった。

ところが、この世は老少不定《ろうしょうふじょう》。

不幸にも、その男より先に、かわいがっていた一人息子が急死したのだ。

悲しみにうちひしがれたその男は、遺体をきれいにふいて着飾らせ、大嫌いだった寺へゆき、

「住職さん。最愛の息子の供養に、ひとつ盛大な葬式をしてやってください」

と頭を下げた。

葬式もすませ、遺骨は寺の墓地におさめた。

その日は雪だった。

墓にやってきた男は、墓石に積もった雪を、手できれいにはらいのけ、持参したミカンやお菓子を供えて手を合わせ、

「息子よ、さぞかし寒かろう。さあ、おあがり」

と、生きている者に話しかけるように言って、いつまでも墓前を去ろうとしなかったという。


その男は、にわかに死後の世界を認めるようになったわけではなかろう。

ただ、そうせずにおれなかったのだ。

悲しみに気も狂わんばかりの自分を、葬式を盛大にしたり、墓に参ることによって、少しでも支えずにおれなかったのである。

ふだんは無神論者を自負しながら、なぜか結婚式に神主や牧師を呼ばないとおちつかず、肉親の死には葬式を出さないとケリがつかない。

原子力船の進水式にまで、ノリトをあげる。

さめた第三者からは異様に見えるが、ここに、いかんともしがたい、感情の動物性を認めざるをえないのだ。

何事も、理攻めで解決したがる人間は、嫌われる。

根深いこの人間性を、無視するからである。

ために、損することの、いかに多いことだろうか。

94
光に向かって

救う者は救われる

ライオンとネズミ

ジャングルの帝王ライオンが、たらふく食べて昼寝している。

グーッと手をのばした拍子に、小さいネズミをおさえた。

ネズミは必死に叫んだ。

「ライオンの大王さま、お助けください。お助けくださったら、一生ご恩は忘れません。いざというときには、必ず、ご恩返しをいたします」

「アハハハハ、おまえらなんかに助けてもらうことはなかろうが、今はちょうど満腹だから、命は助けてやろう。はやく、とっとと逃げていけ」

傲慢《ごうまん》に、ライオンはほえる。

「ありがとうございます」

幾度もお礼を言って、ネズミは去っていった。

まもなく、ライオンが森の中を散歩しているとき、大きな落とし穴に落ちこんだ。手足は縛られ、首がつられて、動けば動くほど息ができなくなって、もがき苦しんだ。

先に助けたネズミが、それを知ってとんできた。

「大王さま、私が命を助けてあげましょう」

と、ことごとく網をかみ切ってくれた。

どんな小さいものでも、決して、ばかにしてはならない。


ご恩の中に生かされているのだから、いつどんなご恩を受けるか。

常に親切に、慈悲を一切に注いでおかなければならない。

まかぬ種は生えない。因果の大道理を知らぬ者はあわれなり

ある人が、十月の始めごろ、旅に出て東の国を通った。
涼しい風が、そよそよと稲の穂を渡り、よく実って、見渡すかぎりの黄金の波である。
そばには農夫が、ニコニコ顔で、たばこをすいながら、のんきに仕事をしていた。
その後その人は、またその国を通った。
すると黄金の波は米俵と変わって、家々の軒下に山と積まれている。
どの家からも、楽しそうな談笑が聞こえてくる。
旅人は、これをみて、
「東の国は極楽だ。苦労もしないで、あんなにたくさんの収穫があるのだ」
と、うらやましがった。
これを聞いた隣の人は、

「そんな国なら、一度いってみたいものだ」

と、五月の始めごろ、東の国へと旅に出た。

東の国へ入ると、みんな泥だらけになって、汗水流して、一生懸命に働いている。

意外に思いながら、ついでの旅の用事をすませて六月の終わりごろ、東の国を通ると、頭から焼けつくような日に照らされ、滝のように汗をだくだく流し、それでも一生懸命に働いていたが、いっこうに黄金の波も、山と積まれた米俵も見られなかった。

「隣の人にだまされた。東の国は極楽どころか苦労為損《しぞん》の地獄だ。ばかばかしい」

プンプン怒りながらその人は帰ってきたという。

成功の裏に涙あり。

まかぬ種は生えぬ。因果の大道理を知らぬ者はあわれである。

人間の卒業式は葬式と心得よ

成功者の少ないわけ

二宮尊徳が、家族と食事中のことである。

鉢に盛られた、たくあんづけをとろうとすると、下の皮までよく切れていなかったので、四五切れつながったままだった。

それを示して尊徳は、

「そら何事も大切なのはここだよ。

たくあんを出すのはたいへんだ。まず重石《おもし》をおろし、ふたをあけ、糠《ぬか》だらけの大根を引き出す。桶《おけ》を元のように始末してから、よく糠を洗い落とし、包丁で切り、鉢へ盛らねばならぬ。

ところが切るときに、力の入れ方が足りないと、いざ食べるとき、こうした不都合なことになる。お客に出せば失礼だ。

だれでも、十中八九まではできるものだが、あと一つをキチッとしない。

これが、その人の成功不成功の分かれめじゃ。

人間すべて最後が大切と心得るがよい」

こんこんと教えたという。

かつて、一高校長として令名のあった杉敏介《すぎとしすけ》が、大学を卒業したとき、維新の際、幾度となく白刃の下をくぐってきた同郷の大先輩、品川弥二郎《しながわやじろう》の屋敷にあいさつにいった。

大学の卒業者は寥々《りょうりょう》たるもので、学士さまといったら、世の尊敬を一身にあつめた当時である。

得々として訪ねた杉に、縁側に腰をかけたままの品川、そのときこう言った。

「人間の卒業式は葬式と心得よ。何事も、それでなければ成就できないぞ」

杉は、この「人間の卒業式」の一句を座右の銘として、生涯、事にあたったという。

大相撲には、

「番付一枚の差は殿様と家来、一段違えば虫ケラ同然」

という、ことわざがある。

これが土俵を支えてきたともいわれる。

入門一年で三分の一がやめ、四、五年たっても幕下になれないと廃業するのが常という。

幕内になれるのは二十人に一人。大関ともなれば百五十人に一人といわれる。

いかに最後まで気をぬかず、初志貫徹することの難しいことか。成功者の少ないわけも知らされる。

97
光に 向かって

上達よりも大切なこと
シュリハンドクのひたむきな精進

釈迦《しゃか》の十大弟子の一人、シュリハンドクは、自分の名前も覚えられぬ生来のばかだった。

さすがの兄も愛想をつかし、追い出した。

門の外で泣いているシュリハンドクに、

「なぜ、そんなに悲しむのか」

お釈迦さまは、親切におたずねになった。

正直に一切を告白し、

「どうして私は、こんなばかに生まれたのでしょうか」

さめざめとハンドクは泣いた。

「悲しむ必要はない。おまえは自分の愚かさを知っている。世の中には、賢いと思っている愚か者が多い。愚かさを知ることは、最もさとりに近いのだ」

釈迦は、やさしくなぐさめられて、一本のほうきと『ちりを払わん、あかを除かん』の言葉を授けられた。

シュリハンドクは清掃しながら、与えられた聖語を必死に覚えようとした。『ちりを払わん』を覚えると『あかを除かん』を忘れ、『あかを除かん』を覚えると『ちりを払わん』を忘れる。

しかし彼はそれを二十年間続けた。その間、一度だけ、お釈迦さまからほめられたことがあった。

「おまえは、何年掃除しても上達しないが、上達しないことにくさらず、よく同じことを続ける。上達することも大切だが、根気よく同じことを続けることは、もっと大事だ。これは他の弟子にみられぬ殊勝なことだ」

釈迦は彼の、ひたむきな精進を評価せられたのである。

やがて彼は、ちりやほこりは、あると思っているところばかりにあるのではなく、こんなところにあるものか、と思っているところに、意外にあるものだということを知った。

そして、

「オレは愚かだと思っていたが、オレの気づかないところに、どれだけオレの愚かなところがあるか、わかったものではない」

と驚いた。

ついに彼に、阿羅漢《あらかん》のさとりが開けたのである。


よき師、よき法にあい、よく長期の努力精進に耐えた結実にほかならない。

一番おいしいものは塩、一番まずいものも塩

徳川家康があるとき、本多忠勝、大久保忠勝らの剛の者らを集めて種々、手柄話などさせた後で、食べ物のことで試問した。

「この世で一番おいしいものはなにか、各自の思いを述べてみよ」

ある者は「酒」といい、ある者は「菓子こそ」という。ある者は「果物だ」と、好みにおうじて嗜好物《しこうぶつ》をあげて言い争った。いずれも家康は不満そうである。

やがて家康は、平素から評価していた局《つぼね》の、お梶《かじ》の方をさして、

「そなたは、なにが一番、おいしいと思うかな」

とたずねた。

にっこり笑った、お梶の方は、

「一番おいしいものは塩でございます」

と、きっぱり答える。

なるほどと、初めて満足そうにうなずいた家康は、重ねてたずねた。

「それでは、一番まずいものはなにか」

「一番まずいものは塩でございます」

お梶は、無造作に答えた。

「さすが、お梶である」

家康は、彼女の聡明《そうめい》さに感心したという。

塩は味の素《もと》であり、あらゆる味を活《い》かすものだから、一番おいしいものに間違いない。また、すべての味を殺すのも塩であるから、一番まずいものでもある。さらに直言すれば、本来塩は、おいしいものでも、まずいものでもなく、サジ加減一つで変化する。

塩は味の材料にすぎないので、これをこなすサジ加減こそ、味の素であることを道破したところに、お梶の答弁が妙答として、万人をうなずかせるのである。

健康も財宝も名誉も地位も、幸福の材料にすぎず、これらを自在にこなしきることこそ、人生の要諦《ようたい》であろう。

「ここだなあ」と思い出せ

苦難の嵐に向かって

超大型台風が、関西を直撃したときのことである。

大阪のある学校で、先生はじめ大勢の生徒たちが、狂風にもまれ、ぶきみにきしむ校舎の中で、どうしたらよいものかと、生きた心地もなく、とほうにくれていた。

一人の教師がそのとき、敢然と立って叫んだ。

「みんな、風に向かって出ろ」

生徒たちは外へ飛び出した。

しかし、出るには出たが、たちまち風に吹きとばされてしまう。

自然に風下へ、風下へとゆこうとする。

「それではダメだ。はって、田んぼへ出て、稲にすがって進むんだ」

教師のえらい剣幕に驚いて、子供たちは、田んぼへ出て、稲につかまって進んだ。

まもなく大音響がとどろき、風下へ校舎が倒壊したが、一人の死傷者も出なかった。

人生また然《しか》り。泰然自若《たいぜんじじゃく》、大勇士の覚悟で苦難に向かってゆけばよいと、いくらわかっていても、敢行が難しい。

朝起きてから夜寝るまで、気にくわぬことが山ほどある。

ささいなことなら、洗面の水が冷たすぎたり、湯ならば熱すぎたり。

食卓に向かえば、飯がこわかったり、やわらかすぎたり。

第一、天候が、スッキリ注文どおりになることは、年に三日もなかろう。

家庭や職場での人間関係のわずらわしさ。

そのうえ、不幸や災難に襲われる。

いずれも苦しませるか、悲しませるか、傷つける。

喜ばせるものは少ない。


そんなとき、「ここだなあ」と思ってみたら、どうだろう。


忍耐というのは「ここだなあ」と思い出せば、苦労も軽くなる。

親切というのは「ここだなあ」と思えば、イヤ味なく接せられる。

勇気とは「ここだなあ」と思えば、許せぬことでも許せるようになってくる。

「ここだなあ」の稲にすがって、苦難の嵐《あらし》に向かって、一歩でも前進したいものである。

おまえは苦労がしたいのか

江州商人の心意気

昔、呉服物を担って、いつも碓氷峠《うすいとうげ》を越えていた二人の商人がいた。

一人があるとき、さぞ疲れたように、路傍の石に腰をおろす。

「疲れたではないか、ひと休みしよう。この峠が、もう少し低かったら楽に越されて、うんともうけられるのになァ。おまえ、そうは思わんか」

うらめしそうに、高い峠を見上げた。

「オレはそうは思わない。それどころか、この峠が、もっともっと高くて、険しかったらいいいと思っている」

そう答えたのは、連れの江州商人《ごうしゅうしょうにん》である。先の商人はいぶかって、

「どうしてだ。おまえは苦労がしたいのか。おかしなやつだ」

とニガ笑いした。

「そうじゃないか。この峠が楽に越されたら、だれでも越して商売するから、あまりもうからないのだ。この峠が、もっと高くて険しければ、だれも、この峠を越えて商いをする者がいなくなる。それを越していけば、商売は大繁盛するのだ」


江州商人で成功した人が多い。さすが生き馬の目を抜くといわれる、江州商人の気迫ではないか。

成功は努力の結晶である。楽にえられるものは、貧と恥のみである。

難の難　乗り越えてこそ　光あり

《カラー写真》

◆p.48/49◆
チューリップ畑（富山県）

◆p.96/97◆
宮島峡　初夏（富山県）

◆p.128/129◆
舟川の桜並木（富山県）

◆p.160/161◆
黒部市・宇奈月　山彦橋（富山県）

◆p.208/209◆
みどりが池より立山（富山県）

◆p.272/273◆
雨晴海岸の日の出と立山連峰（富山県）

提供：アフロ

《モノクロ写真》

p.68, 159, 170, 218, 271（提供：アフロ）
p.116（提供：イメージマート）

装幀・デザイン　遠藤和美

〈著者略歴〉

高森 顕徹（たかもり けんてつ）

昭和４年、富山県生まれ。
龍谷大学卒業。
日本各地や海外で講演、執筆など。
著書『光に向かって123のこころのタネ』
『光に向かって心地よい果実』
『歎異抄をひらく』
『歎異抄ってなんだろう』（監修）
『人生の目的』など多数。

〈書〉 **木村 泰山**（きむら たいざん）

新版

光に向かって100の花束

令和６年(2024) ４月17日　第１刷発行
令和６年(2024) ８月２日　第２刷発行

著　者　高森 顕徹

発行所　株式会社 １万年堂出版
〒101-0052　東京都千代田区神田小川町2-4-20-5F
電話　03-3518-2126
FAX　03-3518-2127
https://www.10000nen.com/

印刷所　中央精版印刷株式会社

 ISBN978-4-86626-086-0　C0095

どんなに多くの人に囲まれていても、常に孤独でさびしいものが心の中にあります。まさに「無人の広野を、独りぼっちで歩いている旅人」が、私たちなのです。トルストイが衝撃を受けた「ブッダの寓話」を、カラーの墨絵を入れながら解説します。

大反響！
読者からのメッセージ

●東京都　85歳・男性

息子夫婦と住んでいますが、私の部屋は無人島です。この本には「一緒に居ても相手にされない独りぼっちの淋しさは耐えがたい」と書かれていました。よく分かります。やっと自分を理解してくれる人に出会えたような喜びがわいてきました。

●福井県　60代・女性

まるで絵本のように読みやすく、挿絵と文章に引き込まれました。私の人生は、苦しみの連続でしたが、「ムダなことは一つもなかったのだよ」と励ましてもらい、生きる力がわいてきました。

●鳥取県　67歳・女性

二年前に夫が亡くなり、二人の子どもも独立し、今は一人で生活しています。昼はパートに出ていますが、夜は寂しく、何でこんなに早く独りぼっちになったんだろう……と感じます。でもこの本で、「私だけじゃないんだ」ということがよく分かりました。感謝です。

―読者から反響続々―

●北海道　50歳・女性

子どもの頃から、友達といる時も孤独を感じていましたが、この本を読み、やっとその正体に気づくことができました。自分だけではなかったのだと理解でき安心しました。ありがとうございます。良書と出合えてよかったと思います。

●福岡県　67歳・男性

人生の半ばを過ぎ、振り返ると、ただひたすら現実のみに対応して生きてきたと思います。その時その時の目標に向かって生きてきました。でも今、残りの人生の目的は、と考えると、漠然として思いつきませんでしたが、本書を読んで、人生の本当の目的のようなものがつかめたと思いました。

●福島県　18歳・女子

大きな夢に向かって生きている、旅をしているんだなと思いました。苦難や障害はあるけれど、それでも生きているだけで立派なんだと思うようになりました。「人間として生まれてきてよかった！」と、つくづく感じます。

●兵庫県　16歳・女子

人生が本当に変わった。

●香川県　76歳・男性

心がパッと明るくなった。生きる目的が分かった。

世界が注目する墨絵アーティスト
茂本ヒデキチさんの挿絵が好評です

●長崎県　78歳・女性

息子は県外におり、嫁と孫は二階にいますが、まったく会話はありません。昼間はいいのですが、夜になると悲しくて涙がこぼれ、二時、三時まで眠れない毎日でした。ところが、この本を読むと、気持ちが落ち着き、少し眠れるようになりました。じっくり読み返したいと思っています。

●大阪府　26歳・女性

友達や仲間、家族に囲まれていても、私はなぜか、とても寂しく感じることがあります。そこで、「海外に行けば、この孤独感から解放されるのでは？」と思い、海外で暮らしたことがあります。

でも、この孤独感からは、どこに行っても解放されませんでした。本の中で「魂は常に独りぼっちで、淋しいのだ」と、自分のことを言い当てられ、思わず涙が出てきました。

●京都府　61歳・男性

私自身、病が重なり、老いが迫ることを実感する毎日です。孤独死が頭をよぎる中で、「老・病・死を超えた幸せ」とは何かを知りたくて購入しました。この本により勇気づけられました。

※次のような三部構成で、『歎異抄』の魅力を引き出しています。

第一部 『歎異抄』の意訳

できるだけ原文の真意が伝わるように分かりやすい現代語訳を掲載しています。

第二部 『歎異抄』の解説

これまであまり詳しく世に紹介されなかったり、大きな誤解を招いたりしている部分の解説を掲載しています。

第三部 『歎異抄』の原文

『歎異抄』の原文を、すべて大きな文字で掲載しています。古今まれな名文を、声に出して読みたい時のテキストに最適です。

大反響！読者からのメッセージ

●神奈川県 73歳・女性

『歎異抄』は難しい。読むのが大変、と思っていました。ところが、いやいやビックリ!!『歎異抄をひらく』は読みやすい。分かりやすい。一気読みしてしまいました。

もう一度、内容をしっかりつかみながら読み始めています。『歎異抄』を、わがものとするまで、何度でも読もうと思っています。

●静岡県 63歳・男性

これからの人生、どうしようかと悩むことが多く、かなり疲れていました。でもこの本によって、重荷みたいなものを、頭や心の中から手放すことができ軽くなった感じです。これからも何回も読み続けようと思います。

●熊本県 45歳・女性

入院中に、友人から頂きました。絶望の中、先を考える力がなくなった時に、読みました。不思議でした。本当の桜の花が心の中に見えました。

何回か読むのをやめましたが、やっぱり読みました。すると、桜が咲きます。不思議。生きていることを感じています。

―読者から反響続々―

●鹿児島県　44歳・男性

まともに生きていなかった私ですが、この本を読んで、生き直そうと思いました。

●福島県　59歳・女性

司馬遼太郎氏の「無人島に、一冊もっていくなら『歎異抄』」の言葉に興味を引かれました。図書館で借りようとすると、当分の間、返却される見込みがなく書店で買い求めました。

まず奥の深さにびっくり。何回読んでも分からなかった『歎異抄』の言葉が、読むうちに理解が進み、涙が出るほど感動しました。すごい本です。

●広島県　66歳・男性

若い頃は仕事に追われ、黙々と働き、仕事以外のことは考える余裕がありませんでした。しかしこの年になり、「『歎異抄』には何が書かれているのだろう」と気になり、目についたのがこの本です。

本を開くと、吸い込まれるように読み続けました。なぜか私の心の扉を開いてくれたような、以前からこの本を知っていたような、そんな快い心の響きを感じました。

●富山県　19歳・女性

人生の目的がはっきりすると、こんなに明るく、楽しく生きられるのかと知らされました。

●兵庫県　79歳・女性

夫を亡くし茫然自失の時、なぜか引きつけられるようにこの本を手にとっていました。つらい涙であふれているのが現実でも、読み終えた今はとても安らいだ気持ちです。広告に出ていた読者からのメッセージと同じ気持ち。買ってよかったと思います。

●東京都　50歳・男性

何事にも負けない、元気のわく本だと思いました。今はストレス社会ですが、くじけないで頑張りたいと思います。

●三重県　67歳・男性

分かりやすい、の一言です。

●アメリカ　50歳・男性

意訳と解説があるため、興味深く読むことができました。これまで難解だと思い、読まずにいた『歎異抄』でしたが、その内容の深さに驚いています。

●愛知県　73歳・女性

『歎異抄』に出合えたことに最大の幸福を感じております。何度読んでも、新しい言葉として感じられ、自分自身に勇気がわき、人生が楽になったようで、ありがたいことと思っております。

○名文を、書家・木村泰山氏の名筆で味わえます

第三章

善人なおもって往生を遂ぐいわんや悪人をや
しかるを世の人つねにいわく悪人なお往生す
いかにいわんや善人をやこの条一旦そのいわれ
あるに似たれども本願他力の意趣に背けり

歎異抄ってなんだろう

高森顕徹 監修
高森光晴
大見滋紀 著

仏教や歴史の知識が全くない「初めての人」でも理解できる、『歎異抄』の入門書の決定版。

◎定価1,760円(10%税込)

なぜ生きる

高森顕徹 監修
明橋大二
伊藤健太郎 著

幸福とは？ 人生とは？ 誰もが一度は抱く疑問に、精神科医と哲学者の異色のコンビが答える。

◎定価1,650円(10%税込)

光に向かって123のこころのタネ

高森顕徹 著

古今東西の、人生の大先輩が残してくれたヒントや教訓を、一言集と、ショートストーリーでつづる。

◎定価1,320円(10%税込)

光に向かって心地よい果実
「笑訓」と「たわごと」

高森顕徹 著

新たな道へ進む時、目標へ向かう時、悩んだ時、落ち込んだ時に、元気を与えてくれる言葉が山盛り。

◎定価1,430円(10%税込)